A CONFIANÇA DE SER VOCÊ MESMO

Dr. Brian Roet

A CONFIANÇA DE SER VOCÊ MESMO

Como Ativar a sua Auto-Estima

Tradução
SAULO KRIEGER

EDITORA CULTRIX
São Paulo

Título do original: *The Confidence to be Yourself.*

Copyright © 1998 Dr. Brian Roet.

Publicado originalmente em 1998 por Judy Piatkus (Publishers) Ltd., 5 Windmill Street, London W1P 1HF.

Todos os direitos reservados. Nenhuma parte deste livro pode ser reproduzida ou usada de qualquer forma ou por qualquer meio, eletrônico ou mecânico, inclusive fotocópias, gravações ou sistema de armazenamento em banco de dados, sem permissão por escrito, exceto nos casos de trechos curtos citados em resenhas críticas ou artigos de revistas.

O primeiro número à esquerda indica a edição, ou reedição, desta obra. A primeira dezena à direita indica o ano em que esta edição, ou reedição, foi publicada.

Edição	Ano
2-3-4-5-6-7-8-9-10-11	03-04-05-06-07-08-09

Direitos de tradução para o Brasil
adquiridos com exclusividade pela
EDITORA PENSAMENTO-CULTRIX LTDA.
Rua Dr. Mário Vicente, 368 — 04270-000 — São Paulo, SP
Fone: 272-1399 — Fax: 272-4770
E-mail: pensamento@cultrix.com.br
http://www.pensamento-cultrix.com.br
que se reserva a propriedade literária desta tradução.

Impresso em nossas oficinas gráficas.

*Para aqueles cujas vidas seriam
muito mais felizes com um pouco
mais de confiança.*

Sumário

Agradecimentos 9

Prefácio 11

Introdução 13

Seção Um — Como Compreender a Confiança

1. O que é confiança 19
2. Aprendemos a ter confiança ou nascemos com ela? 23
3. A linguagem da confiança 30
4. A sensação de confiança 42
5. A confiança de ser você mesmo 50
6. A confiança como esforço de equipe 57
7. A confiança como energia 64
8. Os quatro canais da compreensão 73
9. Os múltiplos níveis da mente 80
10. Mecanismos que (des?) governam nossas vidas 97

Seção Dois — Avaliação da Confiança

11. A lista de verificação 107
12. A influência das personalidades 112
13. Como sair de trás do rótulo 120
14. Mudanças parecem estranhas 125

Seção Três — Causas da Diminuição da Confiança

15. Conhecer e "conhecer?" 135
16. Informação errada 142

17. Simplesmente, não consigo dizer "não" 149

18. Pressão de dentro e de fora 156

Seção Quatro — Meios de Melhorar a Confiança

19. Técnicas de auto-ajuda 165

20. A construção da confiança 171

21. Como enfrentar o medo 178

22. Ser consciente 188

23. Caminhar sobre a prancha 197

24. Como aceitar a sua curva de evolução 204

25. Visualização criativa 213

26. Nossos mundos interiores 222

27. Como ser seu melhor amigo 233

28. Apologia do egoísmo 239

29. A confiança nos relacionamentos 244

30. Ajude seus filhos a ficar confiantes 255

31. Tempo e esforço 262

32. Conclusão 267

    Leitura suplementar 269

Agradecimentos

Quero agradecer a Rekha por todo o apoio que me tem proporcionado e por ter interpretado maravilhosamente os meus hieróglifos, converten-do-os em manuscritos bem ordenados.

Agradeço também a Katherine, que me ajudou a melhorar a minha gramática de ginasiano, fazendo-me lembrar de palavras estranhas como pretérito imperfeito e pretérito mais-que-perfeito.

Por último, minha gratidão para com todos os clientes cujas buscas e dúvidas estimularam meu desejo de compreender esta palavra onipresente — confiança.

Certa vez um homem encontrou um ovo de águia e colocou-o no ninho de uma galinha de sua fazenda. O filhote de águia foi chocado com a ninhada de pintinhos e cresceu com eles.

Durante toda a sua vida, a águia fez o que faziam os pintinhos da fazenda, pensando que ela também era uma galinha. E ciscava a terra para encontrar minhocas e insetos, piava e cacarejava. Com o tempo, bateria as asas e voaria pouco mais de um metro pelo ar.

Os anos se passaram, e a águia foi ficando bastante velha. Um dia ela viu um magnífico pássaro que voava acima dela, no céu sem uma nuvem sequer. Ele deslizava numa elegância majestosa por entre fortes correntes de ar, raramente tendo de bater as grandes asas douradas.

A velha águia olhou assombrada. "Quem é?", perguntou.

"É a águia, o rei dos pássaros", disse a vizinha. "Ela pertence ao céu. Nós pertencemos à terra — somos galinhas." Assim, a águia viveu e morreu como galinha, pois era isso o que ela pensava ser.

Anthony de Mello
AWARENESS

Prefácio

Jamais esquecerei o meu primeiro encontro com Brian Roet. Eu sabia um pouco a seu respeito — sabia que ele era doutor em medicina, que era australiano, que fora um jogador de futebol bastante habilidoso em sua cidade e que tinha interesse em ajudar as pessoas a viver felizes suas vidas neste mundo. Porém não mais que isso. Eu não sabia quais eram as suas técnicas, por exemplo, ou como poderia ser a sua filosofia.

Tenho de dizer que as salas em que ele atendia eram atípicas. Um atrativo à parte era olhar os quadros nas paredes, as bugigangas sobre as escrivaninhas e coisas assim. Mas o que mais me chamou a atenção foi o relógio sobre o consolo da lareira.

Parecia um relógio comum de escola ou hospital, redondo e com os números pretos, aquela espécie de item institucional junto ao qual todos crescemos. Porém nele havia algo de singular, e levei algum tempo para perceber o que era. Então notei que ele andava para trás.

Imagine só. Um relógio que não anda como um relógio. Um relógio que às quatro da tarde parece indicar oito da noite.

Perguntei-lhe por que diabos ele tinha um relógio tão estranho, e ele respondeu que aquele era um instrumento para uma vida mais feliz.

"Olhe para ele", disse, "e não tente calcular o tempo contando as horas nem fazendo nada assim técnico. Limite-se a deixar que sua mente, por assim dizer, flutue, para ver o relógio dar as voltas da outra maneira."

Bem, eu tentei, e no começo não consegui ver nenhum sentido naquilo. Então, de repente, quando eu já estava começando a pensar que se tratava de uma grande bobagem, aconteceu. Minha mente "flutuou", e eu pude contar o tempo com muita facilidade, vendo-o fazer voltas daquela outra maneira. Era um pouco como aquelas holografias que você olha com os olhos ofuscados e desfocados, e do monte de riscos e cores aparece uma figura em terceira dimensão.

A moral da história? Bem, ela é muito importante. Olhar para o relógio de Brian Roet me fez pensar diferente, lembrou-me de que há sempre um outro modo de ver qualquer situação, dilema ou crise na vida — e que deixar minha mente "flutuar" e encontrar esse outro modo era o caminho para uma vida melhor e mais descontraída.

Este livro é muito parecido com aquele relógio. Se você o ler (e ele é muito fácil de ler — um estilo adoravelmente leve, tem Brian Roet!) e deixar as idéias deslizarem em direção à sua mente e só então atuar sobre elas, você descobrirá que pode ser uma pessoa diferente. Você pode achar que lhe falta autoconfiança, mas ela está lá em algum lugar, bem no fundo e dentro de você. O livro de Brian o ajudará a libertá-la. E se você chegar a duvidar disso enquanto o lê, lembre-se do relógio que anda para trás. Você pode mudar o que quiser, você vê as coisas de modo diferente, como o faz este livro.

CLAIRE RAYNER

Introdução

Há muitos livros pelas livrarias afirmando que o tornarão confiante o suficiente para se tornar um neurocirurgião ou um astronauta em seis semanas. Este não é um deles.

O objetivo deste livro é explorar a confiança e explicar o que ela realmente significa. Durante esse processo de exploração, você descobrirá aspectos de sua própria confiança e aprenderá meios de melhorá-la.

Os capítulos estão organizados de modo a guiá-lo por esse processo de exploração e descoberta. Em primeiro lugar, examinaremos o que a confiança realmente é e também os meios de avaliar especificamente a sua própria confiança; em seguida, abordaremos seus diferentes componentes e o modo como a alteração deles pode melhorar a confiança; então, exploraremos o papel que a confiança desempenha cotidianamente na nossa vida.

Tenho trabalhado como terapeuta há vinte anos, período em que pude conhecer milhares de clientes. Qualquer que fosse o problema que os fazia buscar o meu aconselhamento, havia em algum lugar, escondida na atitude e no comportamento deles, uma falta de confiança, uma baixa auto-estima.

O texto das páginas a seguir parte de um ponto de vista meu. Eu sou mais lógico do que emocional, de modo que os fatos relatados serão de natureza mais factual do que emocional. Usei uma vastidão de dados

dos meus clientes e também de mim mesmo — aliás, vejo cliente e terapeuta como saídos do mesmo molde.

Caso necessário, os casos relatados serão abreviados, o que pode dar a entender que a mudança ocorreu de modo simples e fácil. Mas não foi assim. A confiança é construída passo a passo, e muitas vezes damos dois passos para a frente e um para trás. O objetivo é *aprender* durante o processo de aperfeiçoamento. As pessoas mais beneficiadas foram as que estavam motivadas, que assumiram a responsabilidade e dedicaram tempo e esforço para melhorar. Elas estavam preparadas para cometer erros, assumir riscos e enfrentar seus medos. Como certa vez disse um cliente, "sou uma pessoa de muita sorte. É impressionante como quanto mais eu trabalho, mais sorte eu tenho".

Em todos os casos de que me recordo, os medos de meus clientes, quando enfrentados, revelaram-se bem menores do que se supunha.

Leia o livro devagar. Não passe correndo por ele como se quisesse apenas somá-lo à pilha de livros de auto-ajuda que você tem na estante. Concentre-se em si mesmo e nas suas necessidades para que você possa relacionar os casos e as explicações com as suas próprias dificuldades. Procure perceber que, assim como as pessoas precisam de tempo para amadurecer, também suas atitudes e seu aprendizado precisarão de tempo para mudar.

Este livro é como um livro de culinária ou como um manual de jardinagem. O primeiro não faz as refeições para você, tampouco o segundo faz as plantas crescerem. De modo semelhante, este livro trará a informação de que você necessita para desenvolver sua confiança, mas ele não o fará para você. É como fazer um bolo — você precisa de vários ingredientes, e talvez de tentativas, erros e da capacidade de aprender com seus erros.

Ao final de cada capítulo encontram-se listas de ativadores da confiança. Ao lê-las, decida-se a pôr em prática um ou dois deles. Crie uma atitude do tipo "por que não tentar?". Sua confiança crescerá sobretudo a partir da experiência, e não da teoria. Por isso, faça algumas experiências e aprenda com elas. Você precisa de repetições: pratique, e seus erros irão ajudá-lo.

Tenha em mãos um caderno de exercícios para acompanhar a leitura deste livro. Tome nota de seus pensamentos enquanto o estiver lendo. Use o caderno para escrever os exercícios no final dos capítulos, de modo que você possa refletir sobre eles. Quaisquer máximas ou expressões que você aprender podem ser registradas como num diário; dessa forma, você estará reforçando o processo de construção da confiança. O processo de construção da confiança começa e termina em você. Aprender os passos desse processo torna-o muito mais fácil. Por que fazer do seu caminho para a confiança uma viagem desagradável? Por que não se concentrar nele como sendo um processo de aprendizado que você possa desfrutar? Esta é a sua viagem, faça-a como quiser, e tenha um resultado imensamente benéfico.

Eu realmente tive prazer em escrever este livro. Aprendi sobre a confiança e sobre mim mesmo ao mesmo tempo. Espero sinceramente que vocês gostem de lê-lo.

SEÇÃO UM

Como Compreender
a Confiança

1
O que é confiança?

O dicionário define confiança como uma "sensação de crédito ou certeza, um sentimento de crédito em si mesmo". A palavra deriva do latim *confido* — "pôr fé em alguém ou fiar-se nele". Confiança, por essa razão, significa que pomos fé e nos fiamos em nós mesmos.

Seguro deriva da palavra latina *securus*, que significa "livre de preocupações". A palavra inglesa *sure* ("certo") é uma versão abreviada de *"secure"* ("seguro"), que deriva do latim *"securus"*. "Inseguro" (o oposto de confiante) significa o oposto de "livre de preocupações", ou seja, em vez de estarmos livres de preocupações estamos sobrecarregados delas. Outras descrições aplicáveis a esse estado mental são baixa auto-estima, timidez, medo.

Mas tudo isso são rótulos. Este livro deverá explorar o que está por trás desses rótulos que nos arvoramos em usar. No decorrer do processo, você descobrirá o que a confiança realmente significa para você.

Busca-se o sentimento de confiança em duas direções interligadas. A confiança em si mesmo reflete-se na nossa confiança em situações externas. Se necessário for, nosso caminho exploratório precisa seguir para dentro, para entender como funcionamos, bem como para fora, para estudar o modo como lutamos com as situações que encontramos.

A informação que tenho vem sobretudo de pessoas a princípio inseguras e dos processos pelos quais elas foram ganhando confiança, razão pela qual a perspectiva aqui será a do estudo dos problemas e de suas soluções, ainda que, na verdade, os capítulos a seguir sejam para *todos* – não importando quem sejam ou o que fazem – da mesma forma como a confiança é um componente integral do modo como todos nós lutamos e vencemos na vida.

Uma vez que a confiança, ou a falta dela, significa algo diferente para cada indivíduo, cabe a você, leitor, traduzir os capítulos seguintes para as suas próprias necessidades pessoais. Um comentário que costumo ouvir é "na verdade eu me sinto inseguro, mas todo mundo pensa que sou a pessoa mais confiante lá no trabalho. Fico pasmo e desconcertado pelo fato de pensarem isso, coisa que obviamente não sou".

Muitas vezes o que parece ser confiança pode ser uma insegurança às avessas. Por detrás de uma confiança aparente, alguém pode estar se sentindo amedrontado e tímido, e tão amedrontado que não consegue admitir esse estado nem para si mesmo. Seja cauteloso se estiver se comparando desfavoravelmente com outra pessoa: *também* você pode estar dizendo "eu gostaria de ser tão confiante quanto ele".

A falta de confiança esconde-se atrás da máscara da arrogância, atrás de ameaças, de agressividade, de um supremo otimismo e de muitas outras atitudes por assim dizer "confiantes". Pode estar escondida no *workaholic*, no perfeccionista ou no extrovertido, todos esses usando energia e atividade para evitar que os outros e eles próprios entrem em contato com a sua insegurança. A pessoa gorda e bonachona bem pode ter construído essa atitude física como defesa contra o mundo exterior. E também a modelo maravilhosamente magra pode estar disfarçando a sua timidez e anorexia de um modo socialmente aceitável.

Tudo isso mostra que a confiança é um camaleão, e que explorá-la não é uma questão fácil. Ela é essencial à felicidade, e sua perda causa dor e sofrimento, seja para o tímido ginasiano, seja para o adulto casado há muito.

O que este livro pretende é aprender *o que* é a confiança, *o que nos faz perdê-la* e *o que podemos fazer para construí-la*. A viagem tocará em muitos outros aspectos de nossas vidas para que tenhamos uma perspectiva mais ampla do modo como funcionam. Ao chegar ao fim do livro, você saberá muito mais sobre essa sensação chamada simplesmente "confiança".

> *À medida que você for passando pela vida,*
> *faça deste o seu objetivo:*
> *Mantenha o olho na rosca, não no buraco no meio dela.*
>
> DOUGHNUT CAFÉ, MELBOURNE

Ativadores da confiança

- Há muitos meios de avaliar a confiança:
  - Ser capaz de executar tarefas específicas.
  "Sei que tenho confiança porque acho fácil convidar uma garota para um encontro."
  - Relacionar a confiança com uma sensação.
  "Quando a minha confiança está forte, alta, sinto-me como se estivesse saindo fora de minha pele."
  - Depender da opinião dos outros.
  "Tom me acha simplesmente demais, e isso ativa minha confiança imensamente."
  - Pensar em desempenhos passados.
  "Sinto-me realmente confiante em conseguir esse emprego porque me saí muito bem em meus níveis A."

Suas próprias perguntas de avaliação

- Como você avaliaria a sua confiança?
- Ela varia ou é estável, não importando a situação em que você esteja?
- Usando uma escala de A = alta, B = mediana e C = baixa, como você avaliaria a sua confiança diante de:
  - Seu chefe
  - Seus amigos
  - Seus companheiros de trabalho
- Que fatores alteram a sua confiança? Você acha que pode aprender com a experiência, isto é, você fica mais confiante com situações que se repetem ou não se deixa influenciar pelo fato de ter tido experiências semelhantes no passado?
- O apoio de outra pessoa aumenta a sua confiança?
- Está sempre comparando o modo como você sente com o modo como imagina que outras pessoas sentem?

2

Aprendemos a ter confiança ou nascemos com ela?

O "estado básico" dos seres humanos é positivo? É de confiança e segurança em si mesmo, ou de insegurança e vulnerabilidade?

Nascemos confiantes e o deixamos de ser devido a nossas experiências, ou o inverso é verdade? Nascemos vulneráveis, construindo a confiança à medida que crescemos?

Observando um bebê, vemos uma criatura dependente, vulnerável e com medo de mudanças. O bebê pode ser, de um modo geral, feliz e contente, mas responde a novas experiências com preocupação e medo.

Olhando para o reino animal, alguns animais raramente demonstram confiança — ratos e coelhos estão sempre alertas para o perigo de predadores. Os leões, por outro lado, parecem ter nascido confiantes, percebem seu poder e assumem seu papel de domínio sobre outros animais. A diferença entre essas espécies é de poder — o rato percebe que não tem poder e conta com o estar alerta e com a velocidade para sobreviver; o leão tem consciência de seu poder e irradia esse conhecimento, razão pela qual as outras espécies respeitam a sua atitude. O rato não tem o controle da situação; o leão tem.

O leão tem uma predisposição genética, amparada pela experiência, a criar uma atitude de autoconfiança; o rato, tendo a constituição genética que tem e sabendo de sua vulnerabilidade, não usa a confiança como mecanismo de sobrevivência.

Não obstante discutirmos sobre razões "genéticas" *versus* "adquiridas" para o nosso comportamento, a confiança talvez seja uma combinação entre ambas. Nascemos com *potencial* para a confiança, mas precisamos de pais que nos ensinem a fazê-lo fruir. Se nossos pais não forem do tipo amoroso, que apóia e elogia, a construção de nossa confiança é retardada até que tenhamos experiências positivas na fase adulta.

Precisamos dominar as tendências de rato que são parte de nossa infância, dominar nossos medos, assumir riscos e aprender mais com os erros do que evitá-los.

Imagine um cão sendo resgatado por donos atenciosos no Battersea Dogs' Home, lar para cães, após ter sido tratado de alguma doença. Ele precisa atualizar sua informação interna e reaprender valores com seus novos proprietários para chegar ao seu verdadeiro potencial.

Esse processo de atualização baseia-se em quatro fatores:

- enfrentar medos
- aprender a confiar — nos outros e em si mesmo
- assumir riscos
- aprender com sua própria experiência

Usando o cão como modelo, podemos traçar um quadro mais amplo. O cão aprendeu muitas coisas com seus primeiros donos, coisas necessárias à sua sobrevivência:

- Ele não tem o controle da situação.
- Ele precisa estar acuado e em guarda.
- Ele não pode confiar em seus donos (nem em ninguém).
- Ele não pode confiar em suas sensações/instintos.
- A vida lhe dá medo, é dolorosa e confusa.
- A vida é uma corda bamba: um passo em falso e os resultados serão dolorosos.

COMO COMPREENDER A CONFIANÇA

- O mundo é um lugar confuso, e quaisquer tentativas de fazê-lo adquirir sentido resultam em fracasso.
- O mundo é um lugar perigoso.

Eis uma boa lista de coisas a alterar com o seu novo proprietário. Armazenadas em sua memória estão muitas experiências que precisam desaparecer para que outras experiências positivas possam substituí-las. Sendo a sobrevivência tão importante, esquemas de proteção úteis no passado demoram a deixar o sistema. A confiança e a segurança aparecem pouco a pouco, por tentativa e erro, coragem e risco.

O novo processo de aprendizado está em completo desacordo com a experiência anterior. Esse aprendizado tem dois aspectos:

1. Que ele é um cachorro normal.
2. Que o mundo é um lugar seguro.

Pouco a pouco, experiência por experiência, nas mãos protetoras de seus novos donos, é com esperança que o cão aprende esses dois fatos essenciais. À medida que o faz, a corda se alarga, protegendo-o mais. São permitidos enganos e tentativas e erros para aprender sobre si e sobre o seu novo mundo. A compreensão e o apoio tomam o lugar da punição e do abuso. Respeitar e reconhecer a individualidade do cão é algo que permite o crescimento da confiança.

O mesmo se aplica aos seres humanos. Para fazer nossa auto-estima passar de potência a realidade, precisamos de um estímulo externo que nos ajude em nossa própria criação.

Exatamente como no reino animal, a confiança pode ser rapidamente exaurida pela experiência.

Sarah tem 25 anos e trabalha com vendas. Ela vive com seu namorado e lidava bem com as dificuldades da vida até seis meses antes de vir me consultar, quando, voltando do trabalho para casa, sua bolsa foi arrancada por um homem que estava escondido atrás de arbustos.

Ela foi jogada no chão, foi ferida e ficou muito abalada. Deu entrevista à polícia, foi examinada pelo seu clínico geral e mandada para casa.

Daquele dia em diante, ela se tornou uma mulher diferente. Passou a ter medo de sair, não conseguia voltar do trabalho para casa, precisava que alguém fosse com ela às compras, chorava sem parar e tinha medo de dormir por causa dos pesadelos.

Como aquele incidente pôde causar tamanha mudança na personalidade de Sarah? Sua confiança era alta antes do ataque e agora estava a zero. O que teria acontecido na mente de Sarah para destruir completamente sua imagem do mundo e sua segurança? Sarah parecia ter mudado da noite para o dia, e continuou assim desde o acidente. Sua confiança não cresceu apesar do apoio e da proteção do namorado e dos amigos.

Durante nossa primeira consulta fiquei sabendo que a vida pregressa de Sarah trazia marcante semelhança com a de nosso cachorro em Battersea Dog's Home. Seus pais eram alcoólatras e a família era um cenário de abusos, lutas, pratos e mobília quebrados, visitas da polícia, reclamações da vizinhança, terror e lágrimas.

Aos 16 anos Sarah não conseguiu mais agüentar e saiu de casa para viver com uma amiga e sua família. O lar era calmo e amigável, todos tratando a todos com respeito. Sarah achou isso muito estranho e confuso. Ela esperava que as paredes caíssem a qualquer momento.

À medida que as semanas passavam, a calma e a segurança tiveram um efeito curativo sobre os nervos de Sarah. Ela começou a sentir uma pequena confiança, permitindo que esta entrasse em sua vida. Arranjou um emprego no balcão de uma loja nas proximidades e gradualmente baixou a guarda. Conheceu um rapaz que a tratava muito bem, mas mesmo assim ficava sempre achando que ele adotaria o mesmo comportamento do pai dela.

Ela foi aceita por um grupo de amigos, e seu namorado tornou-se um fiel aliado. Compartilhou com ele suas idéias e sentimentos, e ele fez o mesmo com ela. Sarah começou a ver um mundo diferente, em que poderia confiar em si mesma e nos outros.

E então sua bolsa foi arrancada, e naqueles poucos segundos seu mundo virou de pernas para o ar. Era como se seus pontos de apoio não fossem fortes o suficiente e tivessem dado vazão ao terror que a tomou quando foi arremessada ao chão. A segurança foi substituída pela confusão da infância. Seus mecanismos de medo, suspeita e desconfiança para com a sobrevivência assumiram o comando. Ela achava que estava errada ao confiar em alguém — especialmente nos homens — e refugiou-se em sua concha, cautelosa diante de tudo e de todos que pudessem machucá-la. Sua confiança havia sido uma camada aparente varrida pelo ataque, revelando por baixo de si um quadro de medo posto a nu.

Todo o duro trabalho de muitos anos veio abaixo naquele dia. Era como se fora reconduzida à infância, como se tivesse voltado a pisar em ovos.

Ela não estava preparada para receber nenhum conselho ou apoio, e passou as primeiras sessões chorando. Tudo o que conseguia fazer era chorar, tremer de medo e ficar de cabeça baixa. Sarah precisou de muitos meses para deixar que eu entrasse em seu mundo de medo. Ela exigia certeza absoluta de que não seria desapontada novamente. Em qualquer feriado em que eu me ausentasse, sua mente inconsciente interpretava-o como outra rejeição. Se eu a deixasse esperando mais de um minuto, ela ficava hostil; estava sempre me pondo à prova.

Finalmente ela se viu capaz de diminuir suas dúvidas e medos. Tentou sair de casa sozinha. Sua confiança crescia lentamente, milímetro por milímetro, sempre com o apoio do namorado, e finalmente pôde fazer uso da experiência de ter a bolsa arrancada para aumentar sua confiança, para perceber que *poderia* enfrentar uma experiência semelhante que pudesse vir a ocorrer.

Potencial

Todos nascemos com um potencial individual para ser o melhor que pudermos. Isso não significa que possamos ser todos primeiros-ministros ou cantores de óperas. Significa que temos o "direito natural" de crescer e expandir nossas capacidades e experiências para alcançar o que estiver disponível para nós.

A confiança é um ingrediente essencial para realizar esse nosso potencial. Quantas vezes não olhamos para trás e nos arrependemos de coisas que não conseguimos fazer por falta de confiança? E como essas conseqüências parecem pequenas quando nos voltamos para o passado a partir da perspectiva privilegiada da maturidade! Quantas coisas teríamos feito se apenas não nos tivesse faltado a confiança!

Em vez de se concentrar em suas dificuldades, problemas, medos e obstáculos, seria bom que você se concentrasse em *seu potencial*, no que *você é capaz* de fazer ou ser. Seria bom que você começasse de um modo prático, listando as capacidades que compõem seu potencial, qualidades que possam ser transformadas em ação, realidade, empreendimento. Fazendo essa lista, você estará iniciando o processo de transformar o patinho feio num lindo cisne. Você deve encabeçar a lista com a seguinte inscrição:

Eu sou capaz de fazer essas coisas (meu potencial). Os itens da lista são o *seu* potencial, de ninguém mais, e ninguém mais pode alcançá-los por você.

A segunda parte do exercício é comprometer-se em realmente fazer uma das atividades da lista a cada semana. Seguindo esse caminho, você estará crescendo na direção de seu potencial. Pode ser difícil como pode ser fácil, mas, estando no âmbito de suas capacidades, você pode fazê-lo.

No futuro, você olhará para trás, para essas tarefas, e perceberá o quão fácil elas poderiam ter sido. Faça uso dessa perspectiva futura fazendo com que ela aconteça no presente.

A confiança o ajuda a realizar o seu potencial; e realizar o seu potencial ajuda a sua confiança. É um ciclo energético (ver o Capítulo 7, "Confiança como energia"), e entrando no ciclo você será alçado e lançado para a frente, pela energia. Para a frente, em direção ao que você merece. Para a frente, rumo ao seu potencial.

Assim, a questão de saber se a confiança é um direito natural ou uma capacidade adquirida continua sem resposta. Uma coisa é certa — é preciso um estímulo precoce para que se inicie o processo de construção da confiança.

Em segundo lugar, a responsabilidade por realizar nosso potencial recai sobre nossos ombros. Não é o caso de ficar continuamente amaldiçoando a infância pelos erros dos adultos. Podemos construir nossa confiança passo a passo percebendo nossas capacidades, superando os obstáculos que encontramos ao longo do caminho e aceitando os desafios como parte integral do crescimento.

*Para alcançar o que nunca foi alcançado
faça o que você nunca fez.*

Ativadores da confiança

- Durante o seu tempo de vida até aqui, vários fatores desempenharam um papel
  - no aumento da sua confiança
  - na redução da sua confiança
  As experiências em que você teve êxito, foi elogiado ou sentiu-se bem com o que aconteceu foram colocadas na categoria (1). A categoria (2) pode estar relacionada a críticas, aparentes fracassos ou ocasiões em sua vida nas quais você se sentiu só ou condenado. Registre experiências de que você se recorda, que ilustrem as categorias (1) e (2), que envolvam pais, professores, irmãos ou colegas de classe e que você acredita terem desempenhado um papel influente na sua confiança.
- Pense nos exemplos que você teve em sua fase de crescimento — pais, irmãos, professores, colegas de classe, estrelas de cinema, figuras públicas — e procure ver que papéis eles desempenharam em suas atitudes e crenças do presente.
- Caso você conheça seu avós, olhe para eles para aprender sobre o componente genético da sua confiança. Por outro lado, que níveis de confiança têm suas tias, tios e primos? Algumas vezes o papel de apoio ao cultivo da confiança, ou a falta dele, pode ter sido preponderante. Se esse foi o caso, qual de seus parentes foi mais proeminente?

3

A linguagem da confiança

Jean-Paul Sartre disse que "palavras são pistolas carregadas". Essas pistolas apontam em duas direções. Uma está dentro de você — a conversa íntima; a segunda é dirigida aos outros — a comunicação.

Ambas as pistolas refletem a nossa confiança, fazendo com que ela seja alta ou baixa. O que dizemos para nós mesmos cria sentimentos e atitudes. O que dizemos aos outros reflete nosso diálogo interno.

Linguagem interna

Observe mães e bebês e você verá mães tentando ensinar-lhes palavras diferentes. Esse é o começo do aprendizado da fala. É também o processo de desenvolvimento de um gravador interno que conversará conosco pelo resto de nossa vida. À medida que crescemos, aprendemos cada vez mais frases para inserir na fita, aprendemos a como nos dirigir e também a conversar com nós mesmos.

Se tivermos pais críticos, com tendência para a condenação e a censura, criamos uma fita que faz justamente isso. Falamos para nós mes-

COMO COMPREENDER A CONFIANÇA

mos num nível inconsciente e repetimos o que aprendemos. "Internalizamos" a educação de nossos pais e continuamos do ponto em que eles haviam parado.

Se tivemos pais inclinados ao apoio, ao carinho e à aprovação, e que souberam respeitar nossa individualidade, é de forma positiva que desenvolvemos nossa fita de conversa íntima, e isso nos ajuda no curso de nossas vidas.

Recebemos uma espécie de lavagem cerebral em nossa juventude, e faz toda a diferença do mundo se ela é positiva ou negativa. Uma pesquisa demonstrou que quando alcançamos a fase adulta temos em nossa mente 25 mil horas de fitas de nossos pais!

Considere duas pessoas hipotéticas, o sr. A e o sr. B.

O sr. A teve pais amorosos e que lhe davam apoio, ao passo que o sr. B era constantemente criticado e tinha de ouvir coisas como "você não é bom em nada".

O sr. A e o sr. B estão tentando o mesmo emprego, tendo as mesmas qualificações e a mesma capacidade.

Enquanto aguardam a entrevista, a fita interna do sr. A é a seguinte:

"Tive oportunidades como ninguém. Eu me saí bem no passado e farei o melhor que posso. Se eu não conseguir esse emprego, haverá muitos outros que poderei tentar, mas estou sentindo que conseguirei este aqui."

O sr. B, ao conversar consigo mesmo, diz o seguinte:

"Por que estou perdendo meu tempo com essas entrevistas? Não posso ter esperança diante de todos esses concorrentes. Por que sempre tenho esse problema em minhas entrevistas? Se eu não conseguir aqui posso desistir e continuar com o seguro-desemprego. Nunca conseguirei um emprego, eu sei."

A diferença de confiança entre o sr. A e o sr. B deve-se amplamente à sua conversa íntima. Com ela, podem persuadir ou dissuadir o êxito. Há um monólogo sempre se repetindo no pensamento de um e outro, criando um direcionamento para as suas ações e atitudes.

Enquanto são entrevistados, sua linguagem interna se refletirá no que dizem e no modo como dizem. O sr. A enviará vibrações positivas aos entrevistadores, ao passo que o sr. B irradiará negatividade, insegurança e fracasso.

Nossa mente divide-se em dois componentes — a parte consciente que usamos para controlar e analisar, e que segue nossa direção, e a parte inconsciente, que influencia nossa vida de um modo que foge ao nosso controle.

O sr. A enviará vibrações positivas aos entrevistadores,
ao passo que o sr. B irradiará negatividade,
insegurança e fracasso.

É interessante o fato de o inconsciente não conseguir processar palavras negativas. Ele não tem como lidar com elas quando aparecem em nossa conversa íntima. Ele não consegue seguir uma ordem vinda da mente consciente para "não fazer alguma coisa".

Se você diz para si mesmo "não pense no seu nariz", o que acontece? Realmente você pensa mesmo no seu nariz, pois seu inconsciente ouviu "pense no seu nariz" — ele não consegue dar sentido à palavra negativa "não".

Uma garota de 12 anos veio ver-me em certa ocasião, e seu problema era urinar na cama.

"O que você está fazendo para tentar ajudar?", perguntei a ela.

"Ah, antes de dormir eu digo para mim mesma vinte vezes 'não posso fazer xixi na cama'."

Com isso a sua mente ouvia "posso... fazer xixi na cama", e forçava-se a fazer!

Sugeri a ela que dissesse para si mesma todas as noites "eu gostaria de ter uma cama sequinha", e ela assim o fez durante certo tempo.

Muitas pessoas se concentram em evitar o que não querem — uma abordagem duplamente negativa.

"Não posso comer muito para não ganhar peso." Essa abordagem concentra a mente inconsciente no ato de comer — exatamente o oposto do que se deseja. Usando palavras positivas, como "eu me exercitarei sem falta todos os dias e comerei alimentos nutritivos que forem os melhores para o meu corpo", é um modo positivo de direcionar o inconsciente.

"Não seria péssimo se eu não conseguisse o emprego?" é uma abordagem menos propensa ao êxito do que "vai ser mesmo legal quando eu conseguir o emprego". As pessoas usam a dupla negação por acreditar que ela possa evitar o desapontamento em caso de fracasso. Preparando-se para o fracasso, elas se sentem como se fossem ficar menos desapontadas caso ele ocorra.

O que se deve aprender é evitar palavras negativas quando se estiver conversando consigo mesmo. Boa parte de nossa conversação consiste de duplas negações para criar uma afirmação positiva.

- Enquanto Joanne espera seu novo namorado que está vindo apanhá-la, diz para si mesma: "Espero que eu não esteja muito horrível, pois vai que ele saia correndo assim que me vir."
- Tom está no meio de uma corrida e diz para si mesmo: "Tomara que eu não caia."

- Sue está com medo de viajar de metrô e diz para si mesma: "Tomara que eu não tenha um ataque de pânico."

Todos esse comandos negativos ajudam a *criar* o que deve ser evitado.

Uma vez que todos temos conversas íntimas, vale a pena aprender o vocabulário correto, que tanto será útil quanto encorajador. Aprenda palavras positivas, repita-as de modo que lhe venham naturalmente e substituam as negativas.

Uma frase útil é "será maravilhoso quando..." Isso faz a sua mente se concentrar em resultados positivos, dando energia e entusiasmo àquilo que você está tentando alcançar.

É como quando você tem um copo com água pela metade e pode dizer ou "estou triste porque meu copo está meio vazio" ou "estou feliz porque meu copo está meio cheio"!

Uma máxima e atitude muito boa que acredito ser verdadeira é "fazemos o melhor que podemos com as oportunidades que temos".

Quando olhamos para trás, vemos retrospectivamente que *poderíamos* ter feito melhor, mas *naquela ocasião* fizemos o melhor que pudemos.

Uma vez que fazemos o melhor com as oportunidades que temos, faremos melhor se escolhermos conversas íntimas positivas em vez de negativas.

É como o caso do burro com a vara e a cenoura. Se o seu dono usasse só a vara, o burro nem se mexeria e seria rotulado de "teimoso". Acrescentar a cenoura faz toda a diferença.

As *palavras reais* que dizemos para nós mesmos têm poder. Escolher palavras mais adequadas pode nos fazer superar obstáculos e melhorar nossa confiança no processo.

"Odeio ter de enfrentar. Estou apavorado com a idéia de ver o meu chefe e ter de enfrentá-lo para conseguir um dia de folga para visitar minha mãe."

A palavra *"enfrentar"* traz imagens de luta, operações de guerra, vencer e perder, dor e humilhação. Quando a dizemos para nós mesmos, implicamos todas essas coisas terríveis.

Mudar a palavra para *"negociar"* provoca um efeito interno completamente diferente. Ela permite que a racionalidade, a barganha, a discussão, o posicionamento de diferentes pontos de vista, um tom amigável etc. sejam associados à tarefa que se tem pela frente.

Ir ver o chefe com o intuito de *negociar* um dia de folga para visitar a mãe parece algo completamente diferente de vê-lo para *enfrentá-lo* a fim de conseguir um dia de folga. Verificar o efeito que as palavras têm sobre você faz com que você escolha palavras semelhantes, mas que sejam menos restritivas.

Aprendemos a nossa linguagem interna exatamente como aprendemos uma língua estrangeira. Mudar do negativo para o positivo é como aprender uma nova língua.

Comece escrevendo todas as palavras negativas que você diz a si mesmo — todos os modos negativos de se proporcionar dificuldades.

Tomemos Deborah como exemplo. Ela veio até mim porque seus relacionamentos sempre fracassavam em poucos meses, e ela sabia que era por causa de sua atitude.

Conversamos sobre a sua conversa íntima, e os comentários que ela fazia para si mesma eram os seguintes:

- Não sou bonita, estou acima do peso, meu nariz é grande demais.
- Não sou boa nas coisas que faço.
- Não sou interessante.
- Só consigo um parceiro se for para ir para a cama com ele na primeira noite.
- Não sou inteligente.
- A vida não é justa.
- Todos têm experiências mais interessantes que as minhas.

Sua conversação interna era muito negativa, e isso Deborah irradiava para todas as pessoas que encontrava.

Dedicamos várias sessões a coisas que ela fazia bem. Foi como extrair um dente, mas ao final formulamos a seguinte lista:

- Sou gentil e atenciosa.
- Amo os animais.
- Trabalho muito.
- Gosto de *rock*.
- Sou honesta.

Então pedi a Deborah que repetisse seu novo vocabulário como se fosse um mantra. Também lhe pedi que conversasse com sua melhor amiga e lhe perguntasse o que achava de Deborah. (Foi muito difícil convencê-la a fazer isso.)

Durante algum tempo ela deveria tomar nota das *boas* coisas que lhe aconteciam a cada dia e concentrar-se nelas.

Deborah seguramente melhorou a sua vida mudando o vocabulário. Pôde ir a discotecas e festas sem ficar sentada num canto resmungando que o mundo é injusto.

A conversa íntima é uma fita contínua correndo em nossas mentes à medida que conversamos com nós mesmos das mais diversas formas. Às vezes somos conselheiros, críticos, juízes, elogiamos ou condenamos — e aí temos uma parte falando à outra.

Para melhorar nossa confiança precisamos conversar com nós mesmos como o faria um amigo, como um bom pai ou uma boa mãe, como um ajudante solícito.

Para obter um benefício ótimo da conversa íntima, precisamos:

- estar conscientes da fita interna
- ter certeza de que ela é a melhor para você
- tê-la atualizada e apropriada
- tê-la de uma forma que seja aceitável

Há dois meios de melhorar nossa conversa íntima, e ambos podem ser usados.

1. Estar consciente do modo como conversamos com nós mesmos, certificando-nos de que esse modo:

COMO COMPREENDER A CONFIANÇA

- não é negativo
- é atualizado e adequado
- tem uma forma aceitável

2. Faça diariamente um exercício específico para melhorar seu vocabulário interno.

Isso requer reservar algum tempo para concentrar-se na sua conversa íntima. Esse tempo incrementa o efeito que se terá e acelera o processo de mudança.

Você pode usar esse tempo para refletir de modo positivo sobre os acontecimentos das últimas 24 horas. É o que chamo de "garimpando ouro", pela semelhança com a idéia de um mineiro observando pontinhos de ouro dentro de uma gamela cheia de lodo. Seu foco não está no lodo — ele sabe que ele está lá, mas não precisa prestar atenção nele: é para os pequenos pontinhos de ouro que ele dirige o olhar.

Da mesma forma, voltar-se para as boas coisas que aconteceram durante o dia permite que um diálogo positivo e louvável se desenvolva em sua mente.

Outro modo de utilizar esse tempo é repetindo "afirmações" para si mesmo.

Essas afirmações são frases sucintas usadas para aperfeiçoar nossa conversa íntima. Existem muitos livros que contêm afirmações, e é importante escolher os mais adequados à sua postura de vida. Há também fitas de afirmações que podem ser usadas na organização desse seu tempo.

Enquanto passa pelo processo de aperfeiçoar a sua conversa íntima, felicite-se por estar fazendo algo que o ajudará a melhorar a sua confiança.

É muito freqüente que as palavras que usamos sejam negativas, ainda que o façamos sem intenção.

"Eu gostaria de assistir *Rocky IV*."

"*Não seja bobo*. Isso é para garotos."

Embora a outra pessoa não queira dizer isso, a frase "não seja bobo" não é nem cortês para com o interlocutor nem é receptiva.

"Gostei mesmo da peça que vimos."

"Você deve estar louco. Os atores nem sabiam representar."

São frases comuns em nossa língua, e, sendo as palavras como pistolas carregadas, estamos constantemente atirando em quem quer que nos possa ouvir. Essa atitude de desaprovação solapa *todo o processo*, não só sua postura ou comentários, e é tão destrutiva quanto desnecessária.

Uma questão de confiança

Fazer perguntas a si mesmo está freqüentemente relacionado com a insegurança. Algumas pessoas só conversam por meio de perguntas. Talvez você conheça alguém que finalize cada comentário com uma interrogação. O motivo disso é a falta de confiança. As perguntas podem fazer muitas coisas:

Criam um mecanismo de defesa

Com o uso de perguntas o foco da atenção é projetado no ouvinte. Isso proporciona um porto seguro para quem pergunta, longe dos refletores. As inseguranças ficam assim protegidas e não podem ser criticadas por nenhuma afirmação que venha a ser feita.

Fazendo perguntas, sentimo-nos protegidos de condenações.

Passam o controle para o ouvinte

Uma vez que as pessoas inseguras desejam controlar sem assumir a responsabilidade que isso acarreta, elas atingem seu objetivo perguntando. Uma vez feita uma pergunta, o controle fica com quem a recebe. Muitas vezes mães que enfrentam problemas com os filhos recorrem a perguntas como meios de comunicação. Isso costuma agravar o problema à medida que a criança percebe que tem o controle da situação.

COMO COMPREENDER A CONFIANÇA

Evitam a responsabilidade

Responder uma pergunta com outra ajuda a tirar a responsabilidade de quem fala. Num restaurante, observei o garçom perguntando a uma mulher o que ela gostaria de pedir, ao que ela, voltando-se para o marido, perguntou: "Do que é que eu gosto, querido?"

Marido e mulher certa vez vieram até mim em busca de alívio para as dores decorrentes da artrite, que era dela.

"E onde é que lhe dói?", perguntei-lhe.

Ela virou-se para o marido: "John, onde dói?"

"Em seu joelho esquerdo, querida."

"Ah, sim. Meu joelho esquerdo dói muito."

Essa mulher não assumia a responsabilidade nem de saber onde sentia dor.

As afirmações fazem com que muitas pessoas se sintam vulneráveis. Para essas pessoas, ao afirmar, elas se abrem para críticas e censuras. Esconder-se atrás de perguntas possibilita o refúgio tão desesperadamente buscado pelo inseguro.

Num livro chamado *Your Best Year Yet*, de J. Ditzler, descobri *o ciclo da produtividade*. É um modo simples de pôr energia positiva nas coisas que você faz.

O *ciclo* pode ser aplicado a *tudo* o que você faz, desde escovar os dentes até procurar emprego.

São quatro passos:

1. Pense no que você quer fazer.
2. Comece a fazê-lo.
3. Termine de fazê-lo.
4. Elogie-se pelo que você fez.

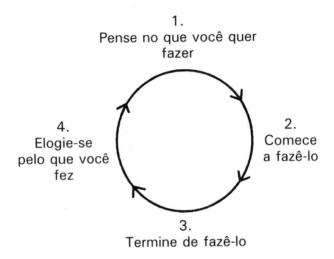

O quarto passo é o mais importante. A maior parte das pessoas percorrem os passos 1, 2 e 3 e voltam para o primeiro. Algumas percorrem 1, 2 e 3 e dizem a si mesmas que não o fizeram direito, que estão sem esperanças, ou então fazem qualquer outro comentário crítico.

Sempre que você fizer alguma coisa, acrescente o passo 4. Faça disso um hábito. Você estará aumentando sua confiança todas as vezes que agir assim.

A linguagem da confiança assume muitas formas. Pode converter uma conversa íntima negativa em positiva; pode fazer uso de palavras positivas no trato com os outros; pode concentrar-se nos resultados positivos; pode usar o ciclo da produtividade como ajuda para fazer de seu diálogo interno um amigo e aliado.

As palavras mais importantes que você já ouviu são aquelas que você diz para si mesmo.

Ativadores da confiança

- A linguagem interna costuma refletir-se no modo como falamos com o nosso exterior. As palavras que usamos, o tom de voz e a velocidade com que falamos, tudo pode ser indício das fitas que rodam no nosso inconsciente. Tenha consciência da sua linguagem externa, perceba as palavras de autocrítica, de aprovação, ou as que forem carregadas de culpa. Essas palavras bem podem infiltrar-se no inconsciente.
- Com que freqüência você diz para si mesmo que você não tem jeito, que é estúpido, preguiçoso etc.? Você diria que isso

  — é freqüente

  — ocorre de vez em quando

  — não acontece nunca?

  Escolha algumas palavras positivas e elogiosas que você possa usar para se descrever — por exemplo, gentil, afirmativo, criativo, trabalhador, agradável, bem-sucedido, saudável, amigável, entusiasmado, dono de um bom senso de humor, justo, equilibrado etc. Certifique-se de usar algumas dessas palavras diariamente quando do estiver conversando consigo mesmo ou com os outros.
- Adquira uma fita com afirmações (ver Leitura suplementar) que combine com suas características e ouça-a todos os dias até que as frases se tornem sua segunda natureza.
- Pratique o ciclo de produtividade depois de qualquer ação que você executar. Lembre-se de dar o passo 4, elogiando-se ao terminar a ação.

4

A sensação de confiança

A confiança é como um quebra-cabeça feito de muitas peças. A primeira delas é a *sensação*. A sensação de confiança é complexa e está ligada aos pensamentos e à racionalidade — mas ainda assim é uma sensação.

- Onde no nosso corpo está a sensação chamada confiança? A que sensação chamamos falta de confiança? Esta é apenas uma ausência da sensação de confiança?
- A confiança é mantida em nosso estômago, em nosso peito, em nossa mente?
- Tem forma ou cor?
- É quente, fria, latejante, leve, escura?
- É pesada, leve, tensa, relaxada?

Se aprendermos mais sobre essa sensação, poderemos ter algum controle sobre ela e construí-la quando estiver faltando.

Paul era um vendedor de 45 anos que havia entrado em colapso nervoso, estava doente e "não conseguia mais ver a cara de nenhum cliente". Quando chegou ao meu consultório, ele parecia infeliz, tenso, deprimido. Toda a sua linguagem corporal revelava que ele estava sofrendo.

"Doutor, eu perdi a confiança. Antes eu era capaz de vender carros até dormindo; hoje, quando aparece algum cliente na minha loja eu começo a tremer e tenho de tomar um Valium. E eu não era assim; lá no trabalho eu costumava ser um dos vendedores mais confiantes."

Durante a sessão perguntei a Paul especificamente sobre a sensação que ele chamava de confiança.

"Eu costumava estar bem. Eu tinha um andar saltitante e uma luz que brilhava em meu peito. Era como se eu não precisasse me importar com nada. Eu sabia que conseguia vender carros, de modo que isso não era problema."

"Como você sabia, Paul?", perguntei.

"Eu sabia e pronto, eu sentia em meus ossos, sentia uma sensação boa em meu peito, dizendo que eu era bom naquilo."

"E que sensação você tem agora quando vê um cliente no *showroom*?"

"Ah, é terrível. É como se eu quisesse fugir; sinto que vou fracassar e que o chefe vai ficar zangado."

"O que aconteceu com aquela sensação em seu peito?"

Paul ficou confuso. "O que você está querendo dizer? Ah, aquela sensação em meu peito, não é mais como antes. Sinto ali um tremor, uma coisa escura, pesada."

À medida que a história era narrada, ficou óbvio que a confiança de Paul o havia deixado.

No ano anterior Paul havia passado por um divórcio destrutivo. E quando ele estava começando a superar o trauma, seu chefe saiu dando lugar a um outro, que era uma pessoa crítica. Paul foi criticado e responsabilizado por certas coisas que não iam bem no escritório; "as sensações boas que eu tinha comigo mesmo" foram substituídas por ansiedade, medo, dúvidas e perda da confiança.

Para Paul a confiança era representada por:

- "uma luz brilhando em meu peito"
- "um andar saltitante"
- "o conhecimento de que eu era um bom vendedor"
- "uma sensação em meus ossos"

Quando os acontecimentos exauriram essa sensação, ela foi substituída pela falta de confiança:

- "é terrível"
- "é como se eu quisesse fugir"
- "sinto que vou fracassar e que o chefe vai ficar zangado"
- "uma sensação escura e pesada em meu peito"
- "sinto um tremor, uma coisa que dá medo"

Numa extremidade do espectro está a confiança; na outra, a insegurança e o medo. O objetivo da terapia é ajudar os clientes a passar da extremidade do espectro representada pelo medo para a da confiança.

O primeiro passo nesse processo é aprender tudo o que puder sobre a sensação que você chama confiança (ou a falta dela). Há muitos meios de lidar com esse processo e em muitos níveis diferentes. Paul precisava remover a ferida causada pelo divórcio e aprender a tratar com seu gerente crítico sem sentir medo. Volta e meia ele comentava sobre o círculo vicioso em que se metera: "Se eu tivesse confiança, automatica-

mente eu trataria com o gerente de outra forma." Eu respondia que isso era verdade e também que, se ele *assumisse um risco* e lidasse com seu gerente sem tanto medo, sua confiança retornaria. Paul ficou preso num ciclo que era mantido pelo medo.

Cada incidente que fazia girar o círculo esvaziava ainda mais a confiança de Paul. O objetivo da terapia era ajudá-lo a substituir esse ciclo pelo seguinte:

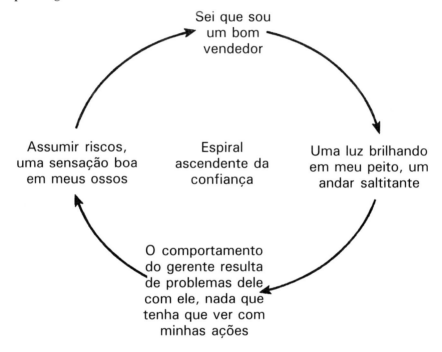

Passaram-se alguns meses, e Paul conseguiu se dissociar dos problemas do gerente. Percebeu que o gerente estava irritado e mostrava-se crítico com todos os outros (e mais bem-sucedidos) vendedores, e com isso Paul passou a não fazer muito caso das explosões do gerente.

À medida que Paul conseguia efetivar algumas vendas, pudemos usar essas experiências para ajudá-lo a construir sua confiança e focalizar sua atenção em resultados positivos.

Foi preciso algum tempo e Paul conheceu muitos altos e baixos, mas ao final conseguiu manter tanto a espiral ascendente das sensações boas que ele tinha consigo mesmo como a sua capacidade de lidar com os desafios da vida.

Trabalhamos, eu e Paul, em muitos níveis. Um deles compreendia as *suas sensações* – suas respostas internas para o que estava acontecendo à sua volta. Ele aprendeu o que *sentia* como estar confiante e o que *sentiu* ser a confiança mínima e o máximo medo.

Relacionar essas sensações com discussões racionais sobre o que estava acontecendo no trabalho e o que acontecera em seu divórcio foi o que permitiu que Paul fizesse progressos. Mas não foi fácil. Ele relutava em mudar. Foi pego pelo carrossel da angústia, e seu impulso circular o arrastava para baixo, feito um redemoinho.

As sessões o ajudaram a ver as coisas de uma perspectiva diferente, a reconhecer que seu chefe tinha seus problemas, como já o seu comportamento denunciava, a perceber que ele era um bom vendedor – com isso pôde sê-lo no futuro – e, por último, a assumir riscos para reverter a negatividade que o puxava para baixo.

Aprender sobre suas próprias sensações significa que você está começando a reconhecer a peça mais importante do quebra-cabeça.

A pergunta sobre onde no seu corpo ou na sua mente está a sensação que você chama "confiança" põe você no caminho da descoberta.

Em seguida, pergunte como ela é – imagine-se entrando naquela parte do seu corpo – cor, forma, peso, tensão, sons, luminosidade ou escuridão, radiação e tudo o mais que você possa aprender a respeito.

Pedi a muitas pessoas que explorassem suas sensações de confiança, e eis algumas das respostas:

- "É como uma risada no peito: uma leveza e um tilintar, e eu posso ouvir e sentir essa risada."
- "Está na minha cabeça. Posso ver o meu cérebro – forte, amplo, firme e poderoso. Quando estou sem confiança, ele se encolhe, fica leve e impotente."

COMO COMPREENDER A CONFIANÇA

- "Quando estou confiante, há um jardim no meu estômago, cheio de flores viçosas, ensolarado, cálido e tranqüilo. Quando me falta a confiança, esse jardim fica nu e frio."

Trabalhar com essas visualizações da sensação de confiança é algo possível. A história de Barbara é um exemplo disso.

Barbara era uma arquiteta de 50 anos, vinha da Espanha. Era solteira, muito nervosa e carecia de confiança. Sua vida era dirigida pelo medo e cheia de problemas. Sua voz tremia enquanto ela me contava sua história. Fora educada em orfanatos, sem nunca haver recebido qualquer injeção de segurança. O medo foi seu companheiro constante durante toda a infância. Quando se mudou da Espanha para Londres, abriram-se antigas feridas de instabilidade, e ela estava tendo dificuldades para lidar com sua nova vida e com seu emprego.

Muitas sessões mais tarde, eu lhe perguntei: "Se você tivesse confiança, em que parte de seu corpo ela residiria?"

Ela olhou para mim, confusa, e eu expliquei pacientemente a minha estranha pergunta.

"Ela estaria no meu peito", respondeu com sua voz de rato, indicando com a mão.

"Eu gostaria que você usasse a imaginação, entrasse no seu peito e aprendesse sobre essa coisa chamada confiança."

Ela se manteve sentada e quieta por um minuto ou dois, e então disse: "É uma pequena semente marrom."

Depois de alguns poucos minutos em silêncio, perguntei: "O que você gostaria que acontecesse à pequena semente marrom?"

"Eu queria que ela crescesse."

"O que é preciso para ajudá-la a crescer?"

"É preciso solo, água e nutrientes."

"Há um solo ali?"

"Não muito."

"Você é capaz de ajudar com água e nutrientes, e proporcionando-lhe mais solo?"

"Sim. Acho que sim."

Houve um silêncio enquanto Barbara se concentrava na sua conversa interior. Três ou quatro minutos se passaram até que ela disse:

"Estou me sentindo mais relaxada. Estou aguando o solo para mantê-lo úmido e protegido. Pode parecer estranho, mas assim sinto que ele fica melhor e mais seguro."

"Você dedicará mais tempo de seu dia à sua semente de confiança?"

"Sim. Farei isso, com certeza. De certa forma sinto que isso ajudará um pouco."

Eu e Barbara trabalhamos em outros aspectos de sua vida, e sempre que a via eu perguntava sobre a "semente marrom de confiança". Durante meses ela cresceu, transformando-se numa flor encantadora. Ela transplantou algumas das sementes marrons, e a flor cresceu mais. Sua confiança foi aumentando à medida que as flores desabrochavam.

É difícil saber a causa real da melhora de Barbara, mas ela comentou que o tempo dedicado à nutrição da semente marrom da confiança desempenhou um papel importante em sua recuperação e em sua capacidade de fazer frente às dificuldades.

Os casos de Paul e Barbara estão relacionados com meios de "ver" nossas sensações. Convertendo sensações em imagens, podemos começar a alterá-las e a produzir atitudes mais positivas. Juntamente com essa melhora, podemos tornar mais positiva a nossa conversa íntima, como se melhorássemos a trilha sonora de um filme.

Focalizando esses componentes de nossa sensação, podemos gradualmente assumir o controle. A figura só muda quando adicionamos certas peças ao quebra-cabeça.

Aperfeiçoar cada um dos componentes da sensação é um meio muito mais fácil de mudar do que tentar abarcar a sensação como um todo.

A autoconfiança é o primeiro requisito
para grandes compromissos.

SAMUEL JOHNSON

Ativadores da confiança

- Para aprender sobre as sensações, mantenha-se calmamente sentado durante dez minutos todos os dias, com os olhos fechados e a atenção voltada para o interior. Talvez você precise de algum tempo para chegar a esse estado, uma vez que estamos acostumados a dirigir nossa atenção para o exterior. Não fique desapontado se a sua mente vagar, pois com o tempo ela se tornará mais calma. Viaje por alguns minutos em torno de seu corpo, percebendo de que modo você sente as diferentes partes. Onde está a sua sensação de confiança? Aprenda sobre sua forma, cor, temperatura, peso etc.
- Explore as sensações de seu corpo (ver p. 42) e procure perceber onde se encontra a sua sensação de falta de confiança.
- Durante o dia, procure perceber quando você está de posse da sensação de confiança e as vezes em que ela lhe falta.
- Tente alterar essas sensações de baixa confiança mudando a perspectiva da situação, vendo-a de um ponto de vista mais positivo. Procure perceber se a confiança é ampliada à medida que você melhora a sua conversa íntima, isto é, quando você a torna mais elogiosa e menos crítica.

5

A confiança de ser você mesmo

A confiança tem como base três componentes:

1. Conhecer a si mesmo.
2. Gostar de si mesmo.
3. Aceitar a si mesmo.

Isso não significa que você seja excelente em tudo o que faz. Significa que você aceita quem você é e respeita isso.

Eu vou ilustrar isso com duas imagens hipotéticas.

Joe tem 40 anos. É de baixa estatura, tendo 1,60 m, e está ficando careca. Ele dirige uma empresa bem-sucedida, fazendo apresentações e viajando bastante. É casado e tem duas filhas.

Joe nunca se deu um tempo para aprender sobre si mesmo; sempre esteve muito ocupado com seus negócios. De mau humor freqüente, seu casamento está fracassando e ele passa pouco tempo com a esposa e com as filhas, que temem suas explosões de gênio.

Joe usa sapatos que aumentam sua altura e fez um implante de cabelos. Veste ternos caros e dirige um carro bastante vistoso. Freqüenta restaurantes caros, onde é conhecido e seus pedidos são atendidos pelo chefe dos garçons.

Joe preocupa-se constantemente com os negócios, está sempre irritado com seus empregados, e as substituições são uma constante no quadro de funcionários. Ele critica o trabalho deles e culpa-os por quaisquer dificuldades. Nos últimos anos, ele se tornou um *workaholic*, indo trabalhar cedo e trazendo trabalho para casa. Tem poucos *hobbies* e fala muito de seu êxito nos negócios.

Tim é muito parecido com Joe em idade e compleição física. Também é de baixa estatura e está perdendo cabelo. Dirige uma empresa, é casado e tem duas filhas.

Dos 20 aos 30 e poucos anos, Tim passou muito tempo aprendendo sobre si mesmo. Leu diversos livros de auto-ajuda, freqüentou um terapeuta durante algum tempo e demonstrou interesse por atitudes orientais para consigo próprio. Sua conversa é mais sobre pessoas do que sobre objetos.

Ele poderia ser mais alto e não perder cabelo, mas aceita uma e outra coisa como fato inexorável e é capaz de brincar com isso. Em sua empresa ele dá palestras, porém nunca se sente à vontade ao fazê-lo, apesar de ministrar cursos sobre o mesmo assunto.

Ele passa boa parte do seu tempo livre com a família e gasta mais dinheiro nos fins de semana do que adquirindo coisas.

Tim e Joe respondem à vida de modo diferente, sobretudo em razão da diferença em seus três componentes.

Tim conhece a si mesmo, gosta de si e aceita-se mais do que Joe. Essas três qualidades fazem toda a diferença do mundo no que diz respeito ao caráter, à personalidade e à atitude desses dois homens hipotéticos.

Joe é irritadiço – a irritação dirige-se basicamente a si próprio, mas projeta-se nos outros. Joe está irritado porque não consegue aceitar quem ele é. Não gosta de quem ele realmente é. Vai "lá longe" para encontrar sua felicidade nas posses e no sucesso nos negócios. É mais agressivo do que afirmativo e culpa as outras pessoas pelos problemas que aparecem. Tem "pavio curto".

A raiva e a agressividade de Joe na verdade são um mecanismo de defesa para proteger o seu segredo mais profundo e sombrio. Ele acredita que a sua sobrevivência depende de impedir que os demais descubram esse segredo. Está sempre ocupado em impedir que *ele próprio* também o descubra.

O segredo é *que ele não é uma pessoa legal*. Isso ele "tem" como um fato consumado, ainda que não seja verdade. Faz tudo o que está ao seu alcance para escondê-lo de si e dos outros. A idéia de conhecer a si mesmo aterroriza-o, pois significa ficar face a face com a pessoa horrível que ele acredita ser.

Sua falta de paz interior é evidente para aqueles que o cercam. Ele transmite irritação e medo. Seus amigos e sua família "pisam em ovos" quando precisam discutir assuntos "complicados", como empreendimentos arriscados na empresa ou a sua calvície.

Tim, por outro lado, nada tem a esconder. Ele conheceu seu lado sombrio e aceita as suas deficiências. Está aberto para discutir qualquer assunto e é capaz de rir de si mesmo.

Ele assume a responsabilidade por suas falhas, sabe de suas carências em muitas áreas e não está preocupado com a possibilidade de que outras pessoas as descubram. Ele tenta aprender com seus erros. Culpa, julgamento e críticas de si mesmo ou dos outros não têm um papel importante em sua vida. Seu nível de tolerância é alto e ele percebe que os outros estão fazendo o melhor que podem.

Podemos aprender várias coisas observando o modo como Joe e Tim vivem suas vidas. O mecanismo usado por um e outro origina resultados e também fornece evidentes mecanismos de defesa.

A irritação de Joe encontra-se fundamentalmente nele mesmo, mas ele a projeta nos outros, valendo-se de um mecanismo de projeção bastante comum que consiste basicamente em dizermos a nós mesmos alguma coisa, porém projetando as palavras, como se elas viessem de outras pessoas.

Por exemplo, acho que tenho um nariz grande. Noto alguém olhando para mim e acredito que está olhando para o meu nariz grande. Digo para mim mesmo: "estão achando que eu tenho um nariz grande", quando na verdade essa é uma crença *minha*, não *deles*.

Joanne tem 40 anos e mora sozinha. Ela está contrariada e incomodada por não ter um parceiro. Perguntei-lhe se ela tinha o costume de ir ao cinema. "Ah, mas eu não posso, o que as pessoas que me vissem lá iriam pensar de mim, indo ao cinema sozinha?"

Joanne estava projetando seus próprios pensamentos nas "pessoas do cinema". A crença de Joe de que ele "não é uma pessoa legal" pode ser uma "profecia que acabe se realizando". Isso significa que com sua atitude ele está criando um resultado. De tanto não se achar uma pessoa legal, ele pode bem chegar a isso.

Somos nossas crenças, e mesmo que elas sejam a princípio incorretas nós as conduzimos até uma verdade que em si mesma reforça a crença.

Todos temos partes de Joe, de Tim ou de Joanne dentro de nós. Nosso objetivo é reconhecê-las e assegurar que suas atitudes e ações sejam as melhores para nós. A flexibilidade e a abertura nos ajudam mais do que uma rigidez inquebrantável. Tim é mais flexível do que Joe; sendo ele aberto, tendo pouco a esconder, não precisa construir uma fortaleza protetora.

O mecanismo de projeção é muito comum.
Consiste basicamente em dizermos a nós mesmos alguma coisa, porém projetando as palavras, como se elas viessem de outras pessoas.

54   A CONFIANÇA DE SER VOCÊ MESMO

Três histórias podem servir de ilustração. A primeira é uma parábola chinesa sobre o bambuzal e o abeto que vivem juntos na floresta.

O abeto estava sempre bradando sua condição de rei da floresta – alto, reto e régio.

"Você, seu bambuzal servil, por que você é tão fraco, arcando-se à menor brisa, sempre se curvando e reverenciando. Por que você não fica ereto como eu e não desafia os ventos?"

E o bambuzal não respondia, limitando-se a farfalhar com a brisa, inclinando-se para deixá-la passar.

Então veio o inverno, e os ventos começaram a soprar com força. Quebraram-se os galhos do rígido abeto, e ele chorou de dor. O bambuzal inclinou-se até o chão deixando que os fortes ventos voassem sobre ele.

Então a neve chegou, depositou-se pesadamente sobre os galhos do abeto e seu peso os quebrou. O abeto chorou mais ainda. O bambuzal inclinou-se e a neve deslizou para o solo.

Quando veio a primavera, o abeto era uma criatura enlameada a lamentar seu destino. O bambuzal erguia-se verde, reto e flexível, e não dizia nada.

A segunda história eu aprendi quando estive recentemente na Índia. Viajei pelo Rajasthan, uma província famosa por seus fortes. Cada grande cidade tinha um forte imponente, construído num ponto estratégico e cercado por grossas muralhas.

Contudo, uma das cidades – Udaipur – não tinha fortaleza nem muralhas.

Abria-se para as planícies. Nos séculos anteriores, muitos fortes lá foram construídos, e de tempos em tempos eram invadidos por inimigos. Cada vez que isso acontecia, a cidade era pilhada, e muitos de seus cidadãos eram assassinados.

Um sábio líder assumiu o governo de Udaipur, e quando o povo da cidade protestou em favor de uma fortaleza maior e mais forte, ele convocou os anciãos para uma reunião. Ele os fez atentar para a história desastrosa de se ter sempre um forte destruído pelo inimigo, e convenceu-os a livrar a cidade de seus tesouros, a deixar abertos os seus portais e a receber os inimigos de forma hospitaleira. Desde então Udaipur viveu em paz e prosperidade, como a única cidade não cercada por muralhas daquela região.

A terceira história também vem da Índia

Havia um guru muito sábio que costumava sentar-se sob uma árvore banyan. As pessoas vinham de longe para ouvir sua sabedoria e participar do "cerimonial da iluminação".

Ele ouvia os viajantes e fazia-lhes perguntas sobre suas vidas, sobre o que desejavam, seus medos e esperanças. Ele inclinava a cabeça sabiamente e fazia uns poucos comentários. Eles conversavam e bebiam chá durante horas, até que ele os conduzia por um campo até um hangar abandonado.

"Agora você vai passar pelo cerimonial da iluminação. Temos ali um hangar bastante comprido. A porta, numa das suas extremidades, não tem maçaneta do lado de dentro, de modo que, se você entrar por ela, não conseguirá sair.

Dentro do hangar estão os seus piores medos, para que o percurso seja difícil. Você pode precisar assumir riscos e enfrentar seus medos.

Percorrendo o galpão, você estará ganhando iluminação, e quando chegar à outra extremidade, encontrará uma porta que irá liberá-lo para a luz do sol.

Quero lhe dar dois conselhos para que os leve consigo em sua viagem. O primeiro é que, para chegar à outra extremidade, você precisará se manter em movimento; o segundo é que lá todos os medos serão frutos de sua própria criação."

Então ele conduzia as pessoas até o hangar e fechava a porta atrás delas.

Joe, nosso vilão fictício, *precisava* de uma fortaleza para proteger seu segredo vital, assim como o orgulho do abeto exigia que ele fosse alto e ereto. A fortaleza do herói Tim foi ele ter percebido a própria fraqueza; como as pessoas de Udaipur, ele não tinha nada a esconder e nem era preciso construir uma muralha de proteção.

A cerimônia de iluminação na verdade mostra que nós criamos os nossos próprios medos. Sendo isso verdade, somos capazes de criar nossas próprias soluções e nossa confiança.

Quando nos conhecemos, gostamos de nós e nos aceitamos, podemos estar receptivos aos ventos ou aos inimigos. A confiança que vem com essa flexibilidade permite que desfrutemos a vida da melhor forma possível.

Se você não é capaz de ser você mesmo, quem é você?

Ativadores da confiança

- Para ter confiança em si mesmo, você precisa saber quem você é. Você é feito de muitas qualidades, algumas das quais você pode perceber que são positivas, enquanto outras são imperfeitas. Para avaliar até que ponto você gosta de si, faça uma lista das qualidades que você considere positivas, e de outras, que perceba como imperfeitas.
- Observe as listas por algum tempo e *aceite-as provisoriamente*. Diga para si mesmo: "Este sou eu por enquanto; tomara que eu possa melhorar algumas das minhas características imperfeitas no futuro, mas por agora estou fazendo o melhor que posso com os recursos que tenho."
- Assuma um risco e compartilhe um dos aspectos que você percebeu como negativos com um amigo. Isso libera a energia que você possa estar usando para ocultá-lo.

6

A confiança como esforço de equipe

Imagine um time de futebol em que alguns jogadores acham que estão chutando numa direção enquanto outros do mesmo time pensam que estão chutando na direção oposta.

Essa equipe não venceria muitos jogos. Haveria embates em todos os lançamentos, e isso seria mais um pandemônio do que uma partida de futebol.

Essa situação acontece em nossas mentes todos os dias da nossa vida. Quero dizer que existem conflitos entre as diferentes partes que constituem "nós mesmos".

Tomemos um exemplo simples: "Preciso ir ao supermercado, mas estou cansado." Essa sentença indica a queda de braço interior entre a parte que percebe que, se eu não for às compras, não haverá comida para o jantar, e a parte que precisa de descanso.

Quando a questão é mais importante, e muito mais partes estão em conflito, podemos então visualizar como o sentido de finalidade e realização entra em dissolução.

Alaistair era um enfermeiro de 30 anos. Veio até mim em busca de ajuda para a impotência. Casou aos 18 e teve uma filha aos 20. Então, o relacionamento com a esposa começou a se deteriorar, com muitas discussões e acusações. Quando ele estava com 24, deixou a mulher e a filha em Liverpool e foi trabalhar num hospital em Londres. Continuou visitando as duas, mas cada visita implicava discussões e brigas, e ele ia embora pior do que quando chegara. Ele não queria o divórcio, pois achava que isso não era certo, mas sabia que não havia possibilidade de ele e sua mulher voltarem a viver juntos.

Nos últimos dois anos ele estava se relacionando com uma enfermeira de seu hospital. Era uma relação cálida, aberta e afetuosa. O único problema de Alaistair era a incapacidade de manter uma ereção.

Quando discutimos o problema, ele disse que percebia que ainda se sentia culpado por deixar a esposa e a filha. Sabia que voltar para elas não seria a solução e acreditava que esse conflito pudesse estar relacionado com o seu problema.

Usamos a hipnose para explorar seu inconsciente. Ele comparou a situação a um exército onde o comando estava em sua mente, enquanto as tropas estavam alojadas no seu pênis (partes privadas). Quando ele explorou a sua mente, constatou o caos onde todos davam ordens diferentes. Não havia coordenação de equipe; algumas partes diziam que ele devia ser punido, outras diziam que ele devia voltar para a esposa e outras ainda que não tinham como lidar com a situação.

Quando imaginou que estava descendo até o próprio pênis, ele recebeu esta mensagem: "Deixe-me em paz; vou entrar em greve. Esse centro de comando está totalmente fora de contato com a realidade."

Essa cena imaginária ajudou Alaistair a entender por que estava tendo problemas sexuais. Ele passou os meses seguintes aliviando-se de pressões para ter um bom desempenho sexual e ajudar a unidade de comando a alcançar o objetivo de viver com sua atual namorada.

Com o tempo, as coisas foram funcionando bem para Alaistair. Ele usava a auto-hipnose para comunicar suas necessidades às partes que até então lutavam entre si. Passou a discutir os problemas com sua mulher e, quando ela sugeriu o divórcio, ele concordou. Com a namorada, falava abertamente de seus conflitos interiores. Tendo feito tudo isso, seu corpo voltou a funcionar normalmente.

Quando hesitamos sobre o que pretendemos fazer, nossa confiança fica reduzida. Fazer com que todos os componentes da equipe trabalhem em conjunto permite-nos atingir nosso potencial. Há toda uma variedade de meios que podemos considerar como partes que se combinam para sermos nós mesmos.

1. **"Você"** e **"eu"**. "Fico sempre dizendo a mim mesmo que tenho de parar de fumar, mas não consigo."

2. **Timidez e confiança**. "Fico muito sobrecarregada no trabalho e, como se não bastasse, quando chego em casa do trabalho sirvo de capacho para o meu marido."

3. **Lógico e emocional**. "Sei que é bobagem ter medo de avião, mas morro de medo quando tenho de embarcar."

4. **Consciente e inconsciente**. "Eu queria tanto ter comparecido à minha consulta com o senhor hoje, doutor, mas acontece que eu esqueci de pôr o relógio para despertar."

5. **Introvertido e extrovertido**. "Eu queria tanto ir à festa na semana que vem, mas por outro lado seria tão bom ficar um pouco sozinha."

6. **Irredutível e relaxado**. "Estou sempre correndo para lá e para cá, fazendo coisas, mas tudo o que eu queria era ficar deitado ouvindo música."

Tom vivia se envolvendo em encrencas por causa de seu "pavio curto". Seus relacionamentos iam mal, ele estava sempre brigando e correndo o risco de perder o emprego por causa de seu gênio difícil.

Quando ele veio me consultar, mostrou-se um homem bastante agradável e calmo, com um olhar brincalhão e uma índole cordial.

"Como é que alguém como você pode estar metido em brigas o tempo todo?", perguntei.

"Não sei bem. Eu mudo quando alguém discute comigo. Eu perco as estribeiras e, quando me dou conta, já estamos no maior arranca-rabo."

Tom trazia consigo muita raiva reprimida devido a uma infância difícil. Eu lhe pedi que ficasse sentado em silêncio, fechasse os olhos e imaginasse duas partes de si mesmo. Uma parte era o Tom que eu estava vendo na minha frente, e a outra era aquele que se envolvia em brigas.

Ele ficou sentado um tempo e respondeu lentamente.

"Sim, posso ver ambos. Um está à direita da minha cabeça, e o outro à esquerda."

"Pergunte-lhes como se chamam."

"O que está à direita é tranqüilo. Seu nome é Tom. O outro, à esquerda, está fervendo de ódio, e se chama Thomas."

"Eles se conhecem?"

"Na verdade, não. Cada qual tem uma vaga noção da existência do outro, e isso é tudo."

"Eu gostaria que você continuasse sentado em silêncio, e ficasse ainda algum tempo tentando fazer com que eles se conheçam entre si. Faça com que saibam que estão puxando em direções opostas, com resultados desastrosos, e que você gostaria que trabalhassem em conjunto, como uma equipe."

Tom ficou sentado por dez minutos, em silêncio, até que abriu os olhos: "Foi impressionante", disse, "você me hipnotizou?"

"Não exatamente. Eu só fiz com que você desse um tempo para si mesmo. Como foi?"

"Foi impressionante. Vi duas personalidades e ajudei a juntá-las. Estou me sentindo diferente."

"Foi um bom começo. Eu gostaria que você passasse um tempo com Tom e Thomas todos os dias, ajudando cada um deles a aprender sobre o outro e fazendo com que trabalhem juntos. Dê apoio a Tom para que ele ajude Thomas a não perder a calma quando achar que está sendo provocado."

Nas semanas seguintes Tom trabalhou com suas duas personalidades, e durante o processo aprendeu muito sobre si mesmo. Deixou de perder a calma e manteve algumas das características de Thomas que se harmonizavam com a sua natureza.

Em sua última visita ele observou: "Ainda não consegui chegar a uma conclusão sobre a primeira vez em que vi Tom e Thomas; ao mesmo tempo que foi uma surpresa, eu sentia que já sabia vagamente da existência deles."

A "teoria das partes" está na própria base da terapia psicológica. Ela é um conceito extremamente útil para desanuviar mentes problemáticas. Vendo-nos como compostos de "partes" somos então capazes de ver nossas ações de uma perspectiva diferente. Se acredito que "sou um homem rancoroso", isso é muito diferente de perceber que "há uma parte rancorosa dentro de mim que de vez em quando me toma por inteiro".

Esse último modo de ver permite que eu me distancie da "parte rancorosa", a fim de vê-la de uma perspectiva positiva, conhecê-la e mudá-la, se eu assim quiser.

A teoria das partes ajuda-nos a assumir o controle de nossas ações e atitudes, e aperfeiçoá-las de um modo adequado à nossa presente situação. Muitas vezes elas estão desatualizadas, sendo reminiscências do comportamento infantil que já teve um caráter protetor, mas agora é destrutivo.

A seguir, uma versão condensada de uma consulta que Annette teve comigo.

"Preciso parar de fumar", ela começou dizendo.

"Conte-me sobre o seu vício", respondi.

"Comecei com 17 anos. Parei um monte de vezes, mas sempre acabo voltando. O que está me incomodando é a respiração entrecortada e o fato de eu estar sempre tossindo. Tenho certeza de que não fumo mais do que vinte cigarros por dia, mas tenho de parar.

"Por que você fuma?"

"Simplesmente porque gosto da sensação que tenho quando inalo; além disso, não sei o que fazer com minhas mãos quando estou num grupo. O cigarro me dá confiança. Na verdade, acho que não tenho confiança suficiente para desistir."

"É como se você tivesse duas partes — uma querendo fumar e a outra querendo parar."

"É, é isso."

"A que quer fumar poderíamos chamar de parte infantil — ela quer uma *gratificação imediata*, igual a uma criança. A parte que trouxe você aqui — que é a parte adulta — conhece os malefícios do cigarro a longo prazo e quer a *gratificação adiada* de ser saudável."

"Eu não tinha pensado nisso."

"Vamos ampliar a analogia um pouco mais. Feche os olhos e imagine a parte infantil, a que é atraída pela gratificação imediata."

"Posso vê-la, está na parte da frente da minha cabeça. Ela é pequena, diz que quer se divertir e não se importa com os resultados."

"Agora imagine a parte adulta."

"Ela está no lado direito da minha cabeça e é muito séria, uma mulher mesmo. Ela se preocupa com a minha saúde e também está preocupada com um aumento de peso caso eu venha a parar de fumar."

"Annette, é um pouco como se você estivesse lidando com dois diretores executivos com visões diferentes e que não se comunicassem entre si. Você deve combinar com eles para que se encontrem e negociem sobre como será a próxima semana. Faça-os percorrer o seu corpo — os seus pulmões, o seu nariz e o excesso de gordura para conhecer os efeitos dos seus hábitos de fumar e comer. Faça com que negociem um resultado que seja o melhor para você."

Annette permaneceu sentada por uns cinco minutos, com os olhos fechados e uma expressão tensa no rosto.

"Tudo bem. Eles concordaram que devo parar de fumar. Será difícil, e a parte infantil quer uma recompensa pelo trabalho duro."

"Que tipo de recompensa poderia ser?"

"Vou comprar uma saia nova no fim de semana — e ela assentará muito bem."

"Certo. Eu gostaria que você ficasse com os olhos fechados e imaginasse a próxima semana com as duas partes trabalhando em harmonia. Procure notar como seus pulmões vão se sentir com essa melhoria de atitude."

De novo Annette se manteve sentada com os olhos fechados por alguns minutos.

"Isso parece bom — é difícil, mas dá para chegar lá."

"Certo. Quando você estiver pronta, abra os olhos e comprometa-se a se dar um tempo, todos os dias, para rever as últimas 24 horas com as duas partes e prever o dia seguinte. Vejo você daqui a uma semana."

Annette retornou na semana seguinte para me contar que tudo tinha ido bem e disse ter percebido que as partes da criança e do adulto estavam envolvidas em muitos outros aspectos de sua vida. Ela parou de fumar, não ganhou peso e comprou uma saia nova.

Desejei-lhe boa sorte no futuro e recomendei que mantivesse a comunicação diária com as duas partes que dirigiam a sua vida.

Ajudar os jogadores a se atualizar torna a equipe capaz de jogar de modo mais coerente. Aprender sobre as partes que nos compõem e treiná-las para as situações do nosso dia-a-dia melhora nossa força e nosso equilíbrio para enfrentarmos os altos e baixos da vida cotidiana.

Se o garoto de recados é incompetente,
toda a empresa pode entrar em colapso.

Ativadores da confiança

- Usando o conceito segundo o qual somos feitos de diversas partes, dê a si mesmo um tempo para perceber as características dessas partes. Questione-se sobre a parte que elogia, a parte crítica, a preocupada, a otimista, a catastrófica, a ajudante, a irredutível e a relaxada:

- Essas partes o ajudam a conseguir o que você quer ou o desviam do caminho?

- Para aumentar a sua confiança, você terá de ajustar alguma dessas partes.

- Escolha um horário calmo, no qual você não seja interrompido, sente-se calmamente, feche os olhos e imagine algumas das partes componentes que governam sua vida. Permita-se um tempo de "reunião" com elas em sua mente, de modo que você possa melhorar a comunicação interna. Esse exercício é muito útil para se chegar a uma harmonia entre as partes internas.

- Procure ver qual o papel que essas partes desempenham na sua confiança ou na falta dela.

7

A confiança como energia

Um modo de ver a confiança é considerá-la como uma bateria lá no fundo do corpo. Da mesma forma que um carro, podemos estar completos de todas as maneiras, porém nossas funções serão minimizadas se a bateria estiver arriada.

Precisamos de energia para fazer funcionar nosso complexo sistema de mente e corpo. Energia para permitir que o coração bombeie e que os pulmões atuem como foles. Essa energia também é necessária para nossos estados de espírito, posturas e atividades.

Quando a energia está plenamente carregada e fluindo adequadamente, estamos de bom humor, sentimos que atingimos aquilo a que nos propomos, estamos otimistas e "nos sentimos bem".

À medida que a força cai, as coisas mudam. Viramos pessoas inseguras, há perda de memória, de concentração, de interesse sexual e entusiasmo. Perdemos a confiança, enfocamos resultados negativos e ficamos deprimidos. Nossos amigos dizem que "não somos mais os mesmos", achamos difícil fazer coisas, o medo se infiltra e reduzimos o círculo de atividades.

Assim como um carro, nosso desempenho diminui em todos os sentidos quando a máquina "tosse" por falta de força.

Pergunto a muitos de meus clientes onde se situa a sua bateria. Num primeiro momento eles ficam confusos com a pergunta, mas, depois da devida explicação, geralmente indicam o peito ou o abdome.

"Como você sabe quando a bateria está carregada?", pergunto.

- "Eu simplesmente sei."
- "Eu me sinto alegre e flutuando."
- "Sinto uma excitação quente no peito e tudo está bem comigo e com o mundo."
- "Sinto tudo vibrar."

E quando pergunto sobre a bateria arriada:

- "Fico sem energia."
- "Não consigo fazer nada. Fico cansado e irritadiço."
- "Perco as estribeiras, fico com pavio curto."
- "É como quando estou de TPM. Meu marido sabe que tem de manter distância."
- "Tudo o que eu quero é ficar sozinho."

Quando pergunto o que ajuda a carregar a bateria:

- "Fazer uma boa pontuação no golfe."
- "Resolver um problema, criar alguma coisa."
- "Um pôr-do-sol maravilhoso ou uma noite de sexo com a minha namorada."
- "Receber cumprimentos."

E o que a consome?

- "Ser desapontado ou criticado."
- " Não corresponder às minhas expectativas."
- "Fracassar ou ser censurado por alguma coisa."

- "Biorritmo. Simplesmente acontece, sem razão aparente."
- "À noite, especialmente quando não consigo dormir."

Faça algumas perguntas para si mesmo.

Se confiança é energia, onde estaria a nossa bateria? Como você a recarregaria? Que fatores externos ou internos causam o seu esgotamento? Como você poderia minimizar o esgotamento da energia? As coisas que esgotam ou carregam sua bateria provêm de você ou de fatores externos, como amigos ou situações? Em outras palavras, você consegue manter sozinho uma carga elevada em sua bateria ou depende de outros para fazê-lo?

O termo "co-dependente" descreve aquelas pessoas cujo estilo de vida depende de outras. Extraem sua energia do comportamento dos outros e mantêm tal comportamento, apesar dos protestos em contrário.

Os companheiros dos alcoólatras freqüentemente se comportam de um modo que faz manter e sustentar as ações dos alcoólatras. Esse comportamento pode se dar num nível inconsciente, e os parceiros só aprendem por meio de discussões em grupos como os Alcoólatras Anônimos.

> Liza era uma pessoa deprimida e ansiosa. Tinha uma grande amiga, Pauline, sempre disposta a ajudá-la nos períodos de crise. Quando Liza melhorou e passou a precisar menos de Pauline, esta ficou irritada e contrariada. Passou a culpar Liza por muitas coisas e a amizade terminou. Pauline precisava ajudar. Ela dependia de Liza para ter energia e, quando a dependência da amiga diminuiu, passou a censurá-la e responsabilizá-la para conseguir lidar com sua energia.

Quando você olha para trás, para a sua educação, você acredita que suas experiências carregam ou consomem a sua bateria? Há experiências passadas que ainda o estão consumindo?

Pessoas com alto nível de energia são capazes de lidar com as dificuldades que aparecem. Elas conseguem se pôr acima dos problemas e encontrar alternativas para lidar com eles. Sentem uma força vital que as ajuda a enfrentar o dia. Entusiasmo e atitude positiva diante da vida andam de mãos dadas com uma bateria carregada.

O contrário também é verdadeiro. Quando a energia está baixa, enfrentar o dia é uma verdadeira luta. Tudo se transforma em tarefas, e cresce a tendência para evitar as coisas. Pessoas com baixa energia têm de batalhar em duas frentes — lutar com o que a vida lhes oferece e com o sentimento depressivo de ter a sua força vital abatida.

Gail era uma mulher de 35 anos, que tinha três filhos, de 6, 4 e 2 anos. Sentia-se constantemente deprimida, insatisfeita e severa consigo mesmo. Acreditava que ter de cuidar das crianças não era a causa única de seu estado.

Gail tinha muitas coisas que a podiam agradar e fazer orgulhar-se de sua vida, mas dirigia a maior parte de sua atenção a seus fracassos e erros.

Aos 16 anos ela engravidou e, influenciada pelos pais, fez um aborto. Jamais esqueceu esse ato nem se perdoou por tê-lo feito. Recebera uma educação católica, mas disse que nunca foi muito religiosa. "Eu não devia ter feito isso", disse calmamente, as lágrimas a descer-lhe pelo rosto. "Foi um assassinato. Vendo meus filhos tão amáveis, sinto ainda mais culpa e sou invadida por uma grande onda de tristeza.

Pessoas com alto nível de energia são capazes de enfrentar os problemas quando eles aparecem. Com baixa energia, isso se torna difícil.

Não consigo evitar. Não quero que seja assim, pois estou arruinando a vida de meu marido e as de meus filhos."

Perguntei a Gail sobre sua bateria. Ficava em seu abdome e era como uma bateria de carro, mas estava velha e gasta — "uma bateria gasta", ela disse, "como eu". A bateria não havia recebido cuidados, e Gail pôde decifrar a palavra "culpada" gravada no seu revestimento lateral.

"A bateria estava carregada apenas pela metade, e era por isso que eu me sentia esgotada, cansada e o tempo todo sem energia."

As coisas que carregavam a sua bateria eram o êxito e as aventuras do marido e dos filhos (não o seu próprio êxito), e ela se sentia esgotada pela constante autocrítica, culpa e lembrança, dia e noite (nos sonhos), do aborto feito 19 anos antes.

Gail achava que deveria sofrer pelo resto da vida por causa de seu crime. Ela aceitou a bateria arriada como punição, mas isso fez com que se sentisse mais culpada pelo fardo injusto que sentia estar dando ao marido e aos filhos.

A culpa de Gail estava profundamente enraizada. No começo fiz poucos progressos ao tentar ajudá-la a desvencilhar-se da culpa e da autopunição. Conversei com seu clínico, e ele a iniciou num tratamento com antidepressivos. Sugerimos-lhe que ela discutisse sua culpa com um padre.

Depois de um longo tempo, Gail chegou a um acordo com sua culpa. Conseguiu colocá-la numa perspectiva mais equilibrada. Manteve a confiança e uma atitude otimista quando os antidepressivos terminaram. Optou por continuar a ver o padre e discutir outras partes de sua vida. O processo a ajudou a recarregar sua bateria de modo que ela pôde realmente desfrutar da família e dos amigos, vindo a perceber-se como, acima de tudo, uma pessoa digna.

A combinação do apoio de seu clínico e do meu próprio, as conversas com o padre, os antidepressivos, tudo isso recarregou sua bateria, fazendo com que ela fosse capaz de recuperar a energia. Ela conseguiu seguir contando unicamente com o apoio do padre e assumiu o amor e a paixão por sua família.

Com o tempo ela conseguiu se perdoar e permitiu que a culpa fosse arrastada para o passado, que era o seu lugar.

Steve contrastava com Gail

Steve era um homem de negócios de 50 anos que esgotara sua bateria por excesso de trabalho e que me fora encaminhado por estar "exaurido".

Steve não conseguia encarar uma volta ao trabalho. Seu clínico geral lhe deu um atestado médico para dois meses, e o tempo estava se esgotando. Sentia-se letárgico, cansado, com falta de confiança e sem saber o que fazer.

Durante muitos anos ele fora empregado de uma firma na cidade, assumindo responsabilidades, tomando decisões e trabalhando sob pressão por longos períodos.

O seu dia começava às sete da manhã, sem que ele voltasse para casa antes das nove da noite. Nunca tinha tempo para almoçar; ou estava em sua mesa trabalhando ou em reuniões estressantes.

Ele descreveu a sua situação como um "estado de choque". "É como deixar o campo de batalha e não ser capaz de voltar ao conflito. Eu não conseguiria encarar outra reunião de diretoria, outro computador."

Tendo dedicado toda a sua vida ao trabalho, ele não desenvolvera nenhum *hobby*, nenhum contato com a natureza. Não relaxava nunca: "Não conheço o significado dessa palavra. Sempre achei que fosse perda de tempo — ser preguiçoso."

Conversamos um pouco sobre os *hobbies* que o interessavam.

"Uma vez cheguei a pensar que seria legal observar pássaros — do tipo ornitologia, quero dizer."

Pedi a ele que fizesse duas coisas:

- Que ouvisse uma fita de relaxamento duas vezes ao dia.
- Descobrisse mais sobre observar pássaros — sociedades, livros, o que é necessário para fazê-lo etc.

Algumas semanas depois, ele voltou dizendo que estava um pouco melhor e que havia gostado da fita de relaxamento. Descobrira um grupo que saía para observar pássaros e se juntaria a ele no final de semana seguinte. Ainda não conseguia enfrentar o trabalho, mas sentia que a sua bateria estava começando a se recarregar.

Algumas semanas depois ele veio me ver e disse que decidira aposentar-se precocemente. Ele sabia que não queria voltar para o trabalho, tinha dinheiro suficiente de suas economias e da aposentadoria e estava preocupado com algum possível problema de saúde, caso voltasse "para a batalha".

Ele estava desfrutando de sua observação dos pássaros, e sua mulher também havia aderido ao *hobby*. Ia passar duas semanas no Canadá com os "espreitadores de pássaros" e começava a se sentir mais à vontade consigo mesmo. Estava muito aliviado por ter tomado a decisão de deixar o trabalho, e tinha certeza de que estava certo.

A última vez que tive notícias de Steve foi por um postal da Noruega, que ele me enviou seis meses atrás. Ele e a mulher estavam numa expedição para observar pássaros, e ele estava se sentindo muito bem. Terminou dizendo que "agora, a minha bateria está completamente recarregada, e não pretendo deixar que ela arrie de novo".

Sistemas também têm energia. Família, escolas, relacionamentos, comunidades têm uma energia envolvida no modo como funcionam (ou não).

Ter consciência dessa energia ajuda a fazer progressos quando se é exigido. Muitas vezes o sistema fica estagnado, e cai a energia para a motivação e a ação.

Reciclar a energia é uma boa maneira de manter um sistema, assim como a reciclagem de papel e de vidro conserva a energia de muitos dos produtos que reutilizamos.

Num sistema familiar é possível usar a aprovação, o apoio e a aceitação como uma atitude de distribuir energia entre os membros da família. Quando cada membro da família trata o outro com respeito e compreensão, a energia positiva volta a circular, fazendo com que todos sejam capazes de realizar seu pleno potencial.

Therese era uma mulher de 30 anos, brilhante e otimista. Tinha um filho de 8, Matt, e fora casada com John por 12 anos. Ele tinha uma personalidade muito diferente — era um verdadeiro atormentado.

"Para ele, é como se o pior sempre estivesse para acontecer", disse Therese. "Minha preocupação é a de que isso esteja afetando Matt, que ele esteja começando a contrair os hábitos do pai, e eu gostaria de cortar esse mal pela raiz. Há algo que eu possa fazer para diminuir essa energia negativa que está circulando na casa?"

Discutimos sobre a família, sobre a energia e as atitudes de Therese, de John e de Matt. Sugeri que John e Therese viessem juntos da próxima vez.

Quando chegaram, John confirmou a preocupação de Therese. Ele concordou que era uma pessoa negativa e disse ter herdado essa característica de seu pai. Também ele, John, estava preocupado com o efeito que esse seu comportamento poderia ter sobre Matt.

Conversamos sobre aprovação, aceitação e otimismo e sobre como isso poderia ser trazido para a estrutura familiar. Observei que Therese seria uma excelente professora, pois lhe era natural ver as coisas de uma perspectiva positiva.

Passei-lhes deveres para casa que envolvessem John e Therese na discussão dos acontecimentos cotidianos a partir de observações positivas e negativas. Deveriam escrever um diário dessas observações e voltar em duas semanas. Na sessão seguinte, John começou dizendo: "É difícil. Entendo pela lógica o que Therese está dizendo, mas acho difícil pô-lo em prática."

Therese observou: "Achei que você esteve muito bem; eu fiquei muito menos tensa do que antes e por diversas vezes você foi muito mais positivo do que de costume."

Passamos a sessão examinando experiências diferentes que eles tiveram em casa, o modo como afetaram John e os sentimentos que lhe ocorreram. Therese agiu como guia, afastando John das preocupações e das críticas e orientando-o para a aceitação e a aprovação.

Durante três meses, John e Therese freqüentaram-me quinzenalmente. As coisas mudaram em casa, John aprendeu a tirar as lentes escuras da negatividade e a ver as coisas de um modo parecido com o de Therese. O melhor resultado foi a mudança em Matt, observada por amigos e professores. A energia positiva que passou a circular naquela casa estava exercendo um efeito salutar e rompendo a cadeia de influências iniciada pelo avô.

> *A experiência não é o que acontece com você, mas o que você faz com o que acontece com você.*
>
> ALDOUS HUXLEY

Ativadores da confiança

- Usando o conceito segundo o qual a confiança pode ser considerada como uma bateria, em que lugar do seu corpo aproximadamente estaria localizada a "bateria da confiança"?
- Há durante o dia uma mudança na "carga" de sua bateria da confiança? Há algumas situações em que isso é realmente forte e outras em que não é tanto?
- Há certas situações que consomem nossa energia. Isso pode ocorrer regularmente — dando uma palestra, discutindo um assunto delicado com o parceiro, dizendo "não", ou ocasionalmente — como quando você pede um aumento para o chefe ou é padrinho ou madrinha de um casamento.
- Pense no que acontece com a sua bateria nessas situações e concentre-se nos aspectos positivos que você possui e que podem reverter essa situação. Tenha consciência dos aspectos de sua vida "que carregam a bateria" — êxitos, aprovações, experiências positivas — para que você possa trazê-los para a sua bateria quando necessitar carregá-la.

8

Os quatro canais da compreensão

Qualquer experiência que venhamos a ter é canalizada por quatro canais para que possamos torná-la compreensível. Processamos informações de quatro modos diferentes:

1. com imagens em nossas mentes — canal visual
2. falamos com nós mesmos — canal auditivo
3. temos sensações — canal emocional
4. usamos movimentos — canal cinético

Há também o gosto e o cheiro, importantes em situações específicas.

Quando recebemos informações, "vamos lá dentro" e as processamos para que façam sentido.

Uma vez que cada um de nós é um indivíduo e tem sua própria história pessoal, o nosso sistema de canais, como nossas impressões digitais, é único para nós. Todos reagimos de modo diferente na mesma situação, devido às diferenças em nossos quatro canais. Não existe ninguém que tenha recebido uma educação impecável, razão pela qual esses delicados canais se distorceram em maior ou menor grau. É como se estivéssemos vendo o mundo refletido num espelho que opera distorções. Acreditamos que esse reflexo seja a "realidade" e que atue como tal.

Usamos esses canais para conhecer o mundo. Podemos usar o canal visual para responder a uma situação e prever um resultado. Se essa imagem é distorcida, também nossa resposta o será.

Acompanhando esse filme, e mesmo sozinha, há uma trilha sonora que nos informa como proceder. Ela bem pode ter sido influenciada pelos nossos pais ou professores, de modo que também é distorcida e pode não ser adequada à situação. Emoções como medo, culpa, raiva etc., nos informam sobre a situação. Também pode estar desatualizada, deixando de ser útil para a avaliação da situação atual. Vejamos os mecanismos internos de uma situação hipotética.

"O que você vai fazer no fim de semana, Jim?" perguntou Peter. Jim esperou alguns segundos e então respondeu: "Ah, vou jogar golfe com Fred. Espero que faça um lindo dia, pois o campo está muito exuberante e quero diminuir a minha desvantagem."

Para compreender a pergunta, Jim "foi lá dentro"; daí a pausa de alguns segundos. Nesse meio-tempo, teve diante dos olhos uma imagem de um campo de golfe num belo dia, ouvindo os sons do taco golpeando a bola e praticando os movimentos do jogo de golfe. Ele pode ter visto a bola caindo no buraco e ter tido a gostosa sensação de saber que havia diminuído a desvantagem.

Todos esses processos ocorrem em milésimos de segundos e usam todos os canais disponíveis. Se o canal de visualização de Jim não estiver tão livre, ele pode ter visualizado suas sensações e sua conversa íntima para dar a resposta.

Por causa da experiência passada, os canais podem ser bloqueados. Não podemos saber por que razão isso ocorre, pois está para além de nossa memória.

Eu estava ministrando uma palestra sobre visualização, quando uma mulher no auditório disse: "Sou muito boa em visualizações. Vejo as coisas claramente em minha imaginação. No ano passado meu filho morreu num acidente de automóvel. Desde então tenho sido incapaz de formar imagens na mente."

COMO COMPREENDER A CONFIANÇA

Eu suponho que o seu processo de formular imagens se fechou para ajudá-la a evitar que visualizasse o acidente de automóvel que matou seu filho.

De que modo essa teoria do canal se relaciona com a confiança? Se estamos tentando construir nossa confiança por um canal e ele está distorcido, pode ser útil sintonizar canais que estejam funcionando de maneira mais apropriada.

Se temos uma voz crítica no nosso canal auditivo, poderá ser útil ter na nossa mente imagens positivas para melhorar nossa confiança.

Dois casos ilustram o que eu estou querendo dizer.

Louise fora vítima de abuso sexual na infância. À medida que foi crescendo, passou a sofrer de distúrbios dos mais diversos tipos, e era-lhe difícil lutar com as dificuldades da vida. Freqüentou uma terapeuta durante muitos anos. Houve um período em que ela desejou intensamente se cortar com uma faca (automutilação). Isso não é incomum entre pessoas que tiveram uma infância conturbada.

Sua terapeuta perguntou-lhe o que ela acreditava que pudesse ajudá-la a evitar que cortasse a si mesma.

"Se eu tivesse um tigre dentro de mim, ele me daria forças."

"Por que então você não imagina um tigre dentro de você (canal visual)?"

"Posso ver um tigre, ele é amável, mas fica se encolhendo como um bichinho de pelúcia. Ele não é grande o suficiente para me proteger."

A terapeuta percebeu que o canal visual não estava funcionando de maneira eficaz com Louise. Então, pediu-lhe que demonstrasse como cortaria a si mesma. Louise fez movimentos repetitivos no espaço, que pareciam os de um tigre revolvendo a pata no ar, e foi bem isso que ocorreu à sua terapeuta.

Ela pediu a Louise que continuasse repetindo esse movimento até que um pensamento lhe viesse à cabeça.

Um minuto depois, Louise exclamou: "Sinto-me como um tigre. Posso sentir a força dele no movimento. É como se eu tivesse um tigre dentro de mim. Tenho certeza de que isso vai evitar que eu me corte."

Louise passou de um canal visual com problemas de funcionamento para um canal de movimento que funcionava plenamente e trazia em si a força de que ela precisava para ajudá-la a não se cortar.

Numa revista de pesca li um artigo de um pescador chamado Len Colclough, que gentilmente me permitiu que o reproduzisse aqui. Diz respeito a um garoto de 10 anos, Paul, e a Len, que estava colaborando com uma instituição de caridade chamada Second Chance, de ajuda a crianças que passaram por momentos difíceis.

Paul tinha quase 11 anos quando eu o encontrei pálido, esquálido e um tanto pequeno para a sua idade, mas com olhos dardejantes que pareciam apreender tudo sem registrar nada. Perguntaram-me se eu podia levá-lo para pescar pela primeira vez, procurando travar contato com ele e ganhar sua confiança. Não seria fácil, já que Paul vinha de uma história cruel; dois anos antes, com 8 anos, sofrera graves abusos e levara uma surra que quase lhe tirara a vida. Ele não pronunciara sequer uma palavra desde aquela noite traumática. Nenhuma palavra para a mãe, nem para os professores, nem para os médicos, nem para os dedicados assistentes sociais que tentavam ajudá-lo. Eu percebi que aquele não seria um dia fácil para mim.

Durante todo o percurso rumo ao lago, enquanto dirigia, conversei com Paul sobre tudo o que poderia interessar a um garoto: futebol, escola, caramelos, chocolate, televisão, garotas, anzóis, fazendo-me de desentendido. Então falei sobre pesca – nenhuma resposta ainda. Chegamos à margem do lago e o fiz prestar atenção em como se equipava a vara com a carretilha, linha e anzol – não havia trutas no lago, de modo que vim preparado com uma lata cheia de minhocas, duas das quais eu consegui pôr no anzol enquanto Paul olhava fascinado (pelo menos eu acho) para o agitar-se das iscas. Então afundei a linha na água e manipulei a carretilha sob o olhar desaprovador do meu jovem crítico que já há muito havia percebido que eu não passava de um "marinheiro de primeira viagem" e pouco sabia dos meandros ordinários da pesca.

Uma perca que vinha vindo, e devia pesar várias onças, passou sem sequer olhar para a gostosura que lhe era oferecida, e então percebi que a isca estava muito próxima da superfície. Mandei Paul dar mais corda, e o truque fez com a próxima perca preguiçosa encontrasse a refeição prontinha bem no seu nível, engolindo-a de uma vez, tal como sua mãe lhe ensinara. "Puxe a carretilha!" – gritei. Paul assim o fez, e um peixe luminoso, brilhante, prateado e acrobático rasgou a película da superfície da água, mandando para o ar uma saraivada de pequenas gotas, que cintilaram como pequenos arco-íris aos raios do sol. E foi aí que eu fiquei mudo com o que aconteceu a seguir...

"Ei, senhor, olhe para isso! Como brilha, como brilha! Olhe só!" Era a voz de Paul, para lá de excitada, suas primeiras palavras em dois anos precipitando-se de uma boca sorridente e aquecendo o meu coração quando lhe mostrei como libertar o pequeno peixe com segurança para então apanhar outro.

Durante todo o caminho de volta ele continuou tagarelando, e eu o incentivava com perguntas e, ao nos aproximarmos de seu lar no conselho estadual, nós ensaiávamos as primeiras palavras que ele diria à mãe. Batemos na porta e esperamos com impaciência até o rosto dela aparecer na fresta que se abria lentamente.

"Ei, mãe, você devia ter visto os peixes que eu peguei. Eles eram grandes e lutavam e..." E continuou com sua voz pequena e aguda enquanto o rosto da mãe assumia feições que o leitor pode bem imaginar. Enquanto Paul se dobrava sobre seu lanche de pão e geléia, a senhora se esforçava para expressar seus sentimentos, agradecendo-me diversas vezes, rindo e chorando ao mesmo tempo.

"Não me agradeça, minha cara, foi o peixe que deu a deixa quando rasgou aquela película de água na superfície do lago, despedaçando também a cortina que havia na mente de Paul", disse eu, como se fosse algo banal, embora no íntimo eu estivesse explodindo de alegria, e apesar de tudo ter acontecido num dia de trabalho voluntário e não-remunerado para a Second Chance, instituição de caridade para crianças que precisam de ajuda especial. E assim o fiz, embora meu êxito com Paul tivesse sido tão enorme quanto instantâneo. Foi isso que fez de Paul o mais memorável pescador que já encontrei, e espero por outros mais como ele no futuro.

Foram muitos os fatores que levaram Paul voltar a falar naquela viagem de pesca. Creio que um deles foi ter sido acionado no canal de movimento, permitindo que uma transformação importante ocorresse interiormente, para além de seu pensamento lógico.

A garota anoréxica é um exemplo extremo de distorção do canal visual. Embora possa estar com apenas 38 quilos, vê-se como estando gorda. Se se pedir que olhe num espelho, ela fará observações sobre o quanto está gorda e dirá que precisa perder peso. Por um conjunto de razões psicológicas, sua percepção pelo canal visual não permite que ela se veja como realmente é.

A evidência do canal de movimento está por toda parte em torno de nós. Estando próximos de uma pessoa ansiosa, adquirimos consciência de sua angústia — ela não consegue ficar quieta. Sua atividade está diretamente ligada ao seu estado mental.

Pessoas mais calmas e serenas têm movimentos mais lentos e fluentes para apoiar sua comunicação.

Alterando movimentos — o modo como nos movemos — podemos melhorar alguns aspectos de outros canais; daí o grande número de pessoas que se sentem melhor fazendo exercícios, indo a academias, correndo etc. Elas estão se concentrando em atividades (não em pensamentos nem em emoções), e fazendo isso estão equilibrando os canais de sensação do movimento.

Muitas formas de terapia envolvem movimentos para resolver problemas — T'ai Chi, psicodrama, yoga, técnica de Alexandre, terapia de Feldenkrais etc. Essas atividades são meios positivos de utilizar movimentos para equilibrar emoções excessivas ou negativas.

Os quatro canais de entendimento são ainda outro fio na tapeçaria da confiança. A limpeza de todos os quatro canais, o trabalho livre e equilibrado nos torna capazes de alcançar nosso potencial.

Nossa confiança se constrói à medida que temos acesso a todos os canais e os fazemos trabalhar em harmonia, suas mensagens reforçando-se uma a outra.

Se não se entende uma pessoa,
tende-se a vê-la como uma tola.

CARL JUNG

Ativadores da confiança

- Para compreender nossa experiência, usamos imagens mentais, conversamos com nós mesmos, temos sensações e usamos movimentos. Dê-se um tempo pensando no papel que esses componentes desempenham na sua vida. Você é uma pessoa predominantemente visual ou sua atitude deixa-se influenciar mais por um diálogo interno?

- Concentre-se num assunto emotivo — um relacionamento, seus filhos ou algum aspecto do seu trabalho. Procure saber qual é o canal predominante para ajudá-lo a se concentrar no assunto em questão. Você é capaz de se concentrar no canal auditivo se o seu dominante é o visual?

- Os conflitos são freqüentes nos relacionamentos porque os companheiros têm canais fundamentais diferentes. Por exemplo, a mulher pode ser predominantemente visual, ao passo que o homem é auditivo. Os conflitos tornam-se evidentes pela natureza das discussões sobre questões litigiosas. Estar consciente dos diferentes canais envolvidos e classificá-los como "diferentes" em vez de "errados" possibilita uma negociação no lugar de um confronto marcado por acusações.

- Pense num de seus relacionamentos e explore a possibilidade de ocorrerem diferenças à medida que cada um de vocês está concentrado num canal diferente.

9

Os múltiplos níveis da mente

A mente é uma estrutura complexa e pode ser vista como composta de muitos níveis. E níveis diferentes nos influenciam em diferentes períodos. Às vezes é preciso explorar níveis mais profundos para compreender o modo como sentimos, agimos e nos comportamos.

Cada nível armazena reminiscências de experiências passadas, pelas quais somos influenciados quando atingem o nível superior (consciente) e interferem em nosso comportamento lógico. Se trazer essas influências para a compreensão consciente é algo que esteja dentro de nosso controle, o efeito que elas terão sobre nossas atitudes será muito menor.

Agenda oculta

Quando algo de um nível mais profundo nos estiver influenciando sem que tenhamos consciência, em especial quando discutimos com outras pessoas, isso se chama "agenda oculta" — oculta de nós, mas não da pessoa com quem estamos nos comunicando. Tendemos a usar desculpas e classificá-las como razões.

Uma desculpa é uma explicação oferecida por não se cumprir com uma obrigação.
Uma razão é uma conclusão lógica de fatos.

Cada nível armazena reminiscências de experiências passadas, pelas quais somos influenciados quando elas atingem o nível superior (consciente) e interferem em nosso comportamento lógico...

Nigel é um estudante tímido e inteligente. Está com 20 anos e nunca teve um relacionamento duradouro, ainda que o deseje desesperadamente. Sua falta de confiança está agindo num nível profundo, impedindo-o de convidar uma garota para sair, com medo de ser rejeitado.

Seus amigos disseram que uma garota chamada Melanie estaria interessada por ele, e ela agrada a Nigel. O problema é que ele não consegue apanhar o telefone para entrar em contato com ela, mesmo tendo ficado bastante tempo sentado junto do telefone esperando criar coragem. Quando sua mão se aproxima do aparelho, Nigel é tomado por sensações de pânico e terror. Usa desculpas como razões tanto para si mesmo como para seus amigos.

Os níveis na mente de Nigel podem ser representados como segue:

Nível Superior: "Quero desesperadamente convidar Melanie para sair."

Desculpas (mascaradas em razões)

- Ela não é bonita
- Não tenho tempo
- Preciso estudar
- Provavelmente ela tenha um namorado

Nível Inferior: A dor da rejeição seria grande demais para suportar.

Nigel pode estar consciente dessa estrutura, mas em muitas pessoas os níveis subconscientes inferiores estão além de sua compreensão; a discussão ocorre no nível de desculpas mascaradas por múltiplas razões. Até que se enfrente a crença inferior, nenhuma melhoria ocorrerá.

Nigel e eu discutimos o efeito desses níveis, e ele criou coragem suficiente para assumir o risco da rejeição. Telefonou para Melanie e ela *aceitou* sair com ele. O relacionamento durou apenas dois meses, mas ele ganhou confiança o bastante para convidar outras garotas. Ele *foi* rejeitado por essa garota, mas aprendeu que poderia sobreviver.

Por causa dessa experiência, Nigel passou do nível inferior para "mesmo se ela não quiser sair comigo, isso não é uma rejeição, é uma escolha que ela fez, e eu posso lidar com isso. Pode ser triste e doloroso, mas com o tempo tudo ficará bem e eu terei aprendido com a experiência".

Disparadores

Quando ocorre uma situação trivial que resulta numa explosão de emoções, é como se o sistema envolvido fosse o de uma resposta desencadeada.

Continuamos nossas atividades diárias principalmente no nível (consciente) da nossa mente. Mensagens de outros níveis interferem constantemente como pensamentos ou sensações. Se uma emoção intensa é armazenada num nível mais profundo a partir de uma experiência anterior, isso pode estar como que engatilhado para vir à tona por um evento parecido com o de origem.

COMO COMPREENDER A CONFIANÇA

Ser vencido pela emoção sem nenhuma razão aparente causa confusão, preocupação e embaraço. Ter consciência de que um "disparador está agindo" ajuda a fazer com que o sem-sentido tenha um sentido. O disparador consiste numa semelhança entre o acontecimento emocional inicial e o acontecimento trivial do dia em questão. Isso pode envolver qualquer um dos sentidos — vista, cheiro, toque, gosto, audição.

Tara já vinha freqüentando minha clínica há alguns meses, quando certo dia veio consultar-me em minha casa. Quando ela tocou a campainha, eu estava no jardim apanhando uma flor pequena e de odor adocicado chamada Daphne, uma de minhas favoritas.

Eu abri a porta segurando Daphne e cumprimentei Tara com um "bom dia, Tara. Que lindo dia está fazendo hoje! Você sabe que flor é essa?

Tara imediatamente irrompeu em lágrimas.

"Não sei o que aconteceu. Quando o vi e você me perguntou sobre a flor, eu logo fiquei extremamente triste e transtornada, e as lágrimas jorraram."

"O que você acha que pode ter causado essa sensação?"

"Não sei mesmo. Eu estava perfeitamente bem quando toquei a campainha."

"Talvez você possa ficar alguns minutos sentada em silêncio, com os olhos fechados, deixando que quaisquer pensamentos lhe venham à mente. Você descobrirá alguns indícios."

Tara sentou em silêncio com os olhos fechados. De repente, falou: "Acho que entendi. Gente, como é estranho, fazia anos que eu não pensava nisso."

"Você não pensava em quê?"

Ela abriu os olhos. "Quando eu era pequena, lá pelos meus 7 anos, tive uma professora horrível que sempre me perseguia. Eu ficava nervosa quando tinha de ir à escola. Um dia ela chegou com uma flor e disse para a classe: 'Quem conhece esta flor levante a mão.' Todas na classe, exceto eu e outra garota, levantaram a mão. 'Venham uma por uma dizer o nome baixinho no meu ouvido.' Todas as garotas fizeram fila e cochicharam a resposta no ouvido da professora, fazendo com que eu e a outra garota nos sentíssemos terrivelmente humilhadas. 'É uma prímula, como todas sabiam, exceto vocês duas. É surpreendente que não saibam o que é uma prímula. Vocês não têm jeito mesmo.' Senti-me péssima e quis sumir. Jamais consegui olhar para uma prímula desde essa época. Quando você perguntou se eu sabia qual era a flor que você estava segurando, era como se, de repente, eu tivesse voltado para aquela época."

A semelhança entre as duas situações era a seguinte:

- Tara não estava preparada para a pergunta
- Eu era como um professor para ela — uma figura autoritária.

Perguntar-lhe sobre a flor a pôs "na berlinda" e ela sentiu-se tão muda quanto a professora a fizera sentir-se naquela ocasião, há tantos anos.

O mecanismo de um disparador é o seguinte:

1. Ocorre uma situação de conteúdo bastante emocional na qual você é incapaz de lidar de modo satisfatório com o sentimento.
2. A emoção é empurrada para um nível inferior (reprimida) "fora da vista, fora da mente", e lá permanece.
3. Uma situação parecida ocorre muito mais tarde e dispara a emoção adormecida, de modo que a resposta não está na mesma proporção que a situação.

Usando a situação de Tara como exemplo:

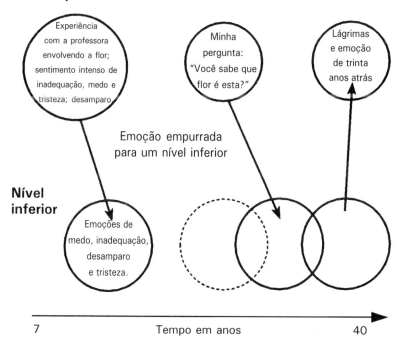

Você saberá que um disparador está em ação quando a emoção for excessiva para a experiência.

Disparadores e mecanismo de sobrevivência

Para que os disparadores entrem em ação, precisamos ter experiências passadas armazenadas, no fundo de nosso inconsciente, numa "caixa secreta", longe da intrusão da consciência.

Essas experiências são de uma variedade especial relacionada à sobrevivência. Se acontece algo que nos aterroriza, humilha, perturba com preocupações ou nos faz perder o controle, é nossa sobrevivência que está sendo ameaçada. Essa situação permite que um mecanismo de proteção entre no jogo e armazene aquela experiência de tal modo que estejamos protegidos de uma situação futura que lhe seja semelhante. Quando acontece a situação parecida, a experiência original é desencadeada, e sentimos como se ela estivesse acontecendo naquele momento.

O mecanismo de proteção à sobrevivência atua da seguinte maneira: A vida tem seus altos e baixos normais.

Às vezes algo *terrível* acontece.

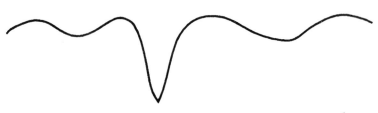

Para evitar que isso aconteça novamente, o ponto mais baixo daquela experiência é mantido numa caixa especial.

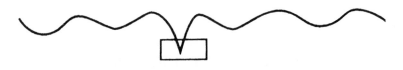

À medida que vamos vivendo, reunimos várias dessas situações "terríveis" — ser ridicularizado na classe, ser reprovado num exame, ser criticado pelos pais, estar perdido etc.

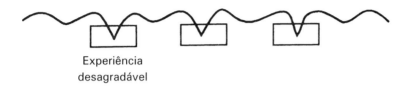

Experiência
desagradável

Cada um desses incidentes é armazenado numa caixa de sobrevivência protegida de interferências pela nossa mente consciente.

Quando temos um "disparador" no momento presente — alguma coisa parecida com uma experiência "terrível" no passado — o inconsciente faz um esquadrinhamento das caixas de sobrevivência e alerta-nos do perigo revendo todas as "terríveis experiências" que têm componentes parecidos com os do presente disparador. Isso resulta numa sensação terrível, em pânico e temor de uma catástrofe.

Como de fato sobrevivemos a experiências passadas e é altamente provável que elas não sejam relevantes para a experiência presente, torna-se evidente que o mecanismo não é muito eficaz. Na verdade, ele acrescenta fardos à nossa viagem. É como um alarme contra assaltos que dispara a cada folha que cai.

Um meio de lidar com essa situação é aceitar que coisas terríveis aconteceram no passado, porém removendo-as de suas caixas de sobrevivência. Percorra toda a seqüência do acontecimento e continue até chegar à curva que conduz a uma experiência agradável. Armazene esse período como uma lembrança agradável que seja boa de lembrar, em vez de um tempo em que a sobrevivência estava em questão.

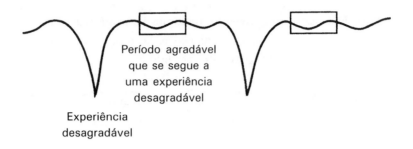

Quando ocorre um disparador e é feita a revista, não há caixas a ser inspecionadas no nível profundo já que tudo se encontra armazenado num nível superior e mais aceitável, juntamente com pensamentos do tipo "não seria maravilhoso se tudo tivesse terminado bem?".

A seqüência é parecida com a situação de assistir a um filme de terror e sentir medo, e então voltar mais e mais vezes até que o medo se transforme em tédio. Rever experiências aterrorizantes do passado a partir da segurança da experiência presente, ao mesmo tempo que se tem armazenado o fato de termos sobrevivido, torna mais leve o peso de nossa viagem.

Nadia detestava andar de carro no lugar do passageiro. Era algo que ela evitava a todo custo. Ela própria não dirigia, de modo que o transporte se transformou num grande problema em sua vida. Seu marido começou a ficar preocupado com todas as complicações causadas por esse medo e pediu ao clínico geral de Nadia que a encaminhasse para uma consulta comigo.

Ela contava com diversas experiências na adolescência em que chegou a pensar que morreria num acidente de carro. Na verdade ela nunca sofreu acidente algum, mas quase sofreu a perda de entes queridos.

Uma das vezes foi seu namorado em estado de embriaguez, noutra foi o pai que cochilou na direção por alguns segundos.

Essas experiências ficaram indelevelmente armazenadas na sua mente e mantidas em "caixas de segurança". Sempre que viajava como passageira, Nadia se agarrava ao assento, suava, tinha palpitações e fazia comentários que deixavam nervosos todos os que estavam no carro.

Discutimos o conceito de bagagem passada e incentivei-a a passar por cada experiência de maneira tão vívida quanto possível, certificando-se de ter chegado a um lugar seguro depois de ter quase perdido entes queridos.

Ela ficou muito transtornada ao fazê-lo, mas, à medida que repetia as experiências percebendo que *tinha* sobrevivido, seu medo diminuiu.

Pedi a ela que repetisse o exercício em casa diariamente, até que a ansiedade fosse substituída pelo fastio. Semanas depois ela já conseguia viajar com o marido, mantendo-se calma e relaxada.

O gráfico demonstrativo de como as experiências de Nadia estavam armazenadas é o seguinte:

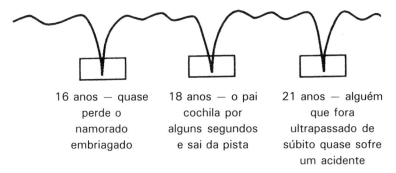

Depois de Nadia ter se reprogramado, as seguintes experiências foram armazenadas:

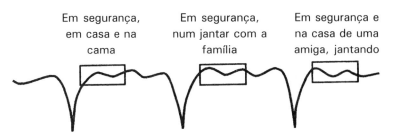

Reflexos

Uma ação de reflexo tem algumas semelhanças com um disparador. Reagimos de maneira descontrolada, como quando reagimos ao receber uma pancada no joelho e chutar.

Imagine que eu esteja atrás de um vidro à prova de balas. Sei que nada pode quebrá-lo. Se alguém do outro lado lança uma pedra na minha direção, eu automaticamente me abaixo.

Há duas mensagens conflitantes ocorrendo ao mesmo tempo:

1. Minha mente racional e lógica me diz que estou seguro.
2. Os níveis mais baixos acreditam que o vidro se quebrará, fazendo com que eu me abaixe.

A ação dos níveis mais baixos é mais poderosa e assume o comando do sistema lógico de crenças.

Nossa confiança tem um mecanismo parecido. Podemos saber que certa situação é segura, mas as mensagens que vêm de baixo (relacionadas com experiências passadas) assumem o comando e causam medo. Um modo de reprogramar esses níveis mais baixos é aprender com a experiência. Se ficamos atrás do vidro e alguém continua a lançar pedras em mim, com o tempo todos os níveis perceberão que é seguro ficar lá, e eu me manterei de pé.

Construir a confiança vem a ser, na verdade, atualizar os níveis inferiores, o que não é fácil, uma vez que as mensagens desses níveis têm o objetivo de protegê-lo. O problema é que elas costumam estar desatualizadas ou desinformadas.

O começo da vida de Adam foi arruinado por um pai agressivo. Suas camadas inferiores continham muitas lembranças em que suas ações eram seguidas por críticas. A mensagem constantemente acionada era "é perigoso expressar sensações ou opiniões".

Aos 40 anos, Adam começou a ter ataques de pânico sem nenhuma razão aparente. Ele lutava para vencer sua crítica interna e fora mais bem-sucedido no ano anterior, mas os ataques de pânico o fizeram regredir.

"Parece que perco tudo o que faço", ele me disse. "Se combato a voz interior, tenho ataques de pânico. Se desisto, fico de papo para o ar, sem fazer nem dizer nada."

Usando a hipnose, pudemos delinear diversas camadas na mente de Adam. A certa altura, ele irrompeu em lágrimas.

"Não adianta. Eu simplesmente não sou bom em nada. Nunca consigo fazer nada direito."

Era esse o nível que precisava ser reparado para que Adam tivesse paz de espírito. O trabalho que fez o ajudou a perceber que "não sou bom em nada" não era uma afirmação útil e verdadeira para ficar escondida nas profundezas da mente.

Ele aprendeu a substituí-la por "sou um homem normal e saudável. Tenho direito a minhas atitudes e crenças e, quando cometo erros, eu aprendo com eles".

Esse processo levou muitos meses, uma vez que o espírito crítico de seu pai predominou por muito tempo. Mas quando ele deixou de exercê-lo, seus ataques de pânico desapareceram e ele se sentiu bem melhor consigo mesmo.

Delineando os níveis inferiores, freqüentemente encontramos a afirmação "não sou bom em nada. Não gosto de mim mesmo". A partir dessa raiz crescem muitas ervas daninhas. A mensagem explica muitas das crenças limitadoras mantidas em outros níveis. Se essa afirmação permanecer, ela atuará como uma fundação instável de um edifício. Não importa o que você faça, os problemas na estrutura superior podem ocorrer devido a uma falta de estabilidade na base.

Tendo a mensagem "não sou bom em nada" se formado a partir de uma lavagem cerebral negativa, é razoável supor que a lavagem cerebral positiva reverterá esse processo. Também é razoável supor que será preciso algum tempo para que a melhoria seja percebida.

Um meio de alterar esse padrão negativo são as "afirmações": pequenas máximas repetidas muitas vezes ao dia, fazendo com que você se respeite, aprove-se e aceite-se pela pessoa que você é. Dessas raízes, quando plantadas profundamente, crescerão belas flores e árvores de abundantes frutos.

Há muitos livros sobre afirmações (ver Leitura suplementar), e é importante que você escolha frases que o satisfaçam. Para ilustrar, algumas delas são as seguintes:

- Sou uma pessoa normal e saudável.
- Estou fazendo o melhor que posso.
- Sou sensível, gentil e carinhoso.
- Sou especial; não existe ninguém exatamente como eu em todo o mundo.
- Aprenderei algo novo a cada dia.
- A cada dia, de um modo ou de outro, vou ficando cada vez melhor.

As afirmações têm certo formato que lhes possibilita a eficácia.

- São ditas no tempo presente.
- São curtas e sucintas.
- São positivas e só são usadas palavras positivas (não usar duplas negações para implicar resultados positivos).

A teoria que está por trás das afirmações é a de que frases repetidas freqüentemente influenciam nossa mente inconsciente. Isso é certamente verdade em nossa infância, quando repetições por parte dos pais desempenham um papel preponderante no modo como veremos o mundo quando adultos.

Repetir afirmações positivas pode reverter a negatividade das fitas que estão sempre sendo tocadas em nossas mentes.

Não é essencial que você acredite nas palavras que estiver dizendo, já que é exclusivamente pelo ouvir repetitivo de suas próprias afirmações que você aprende a acreditar nelas. Na verdade, se você acreditar nelas de antemão elas já serão desnecessárias.

Por exemplo, se constantemente lhe dissessem que você é um estúpido, em certo nível você acreditaria nisso, não obstante as evidências em contrário. Dizendo repetidamente "sou inteligente", a frase até então instilada será substituída.

Essas afirmações podem ser ditadas num gravador e reproduzidas diariamente. É importante que você se dê um tempo para fazer esse exercício e sente confortavelmente em estado de relaxamento a fim de permitir que elas penetrem nos diferentes níveis.

Fitas produzidas comercialmente também podem ser encontradas, fornecendo afirmações sobre diferentes assuntos. Há também fitas subliminares, em que as afirmações são inaudíveis mas se deixam levar até o inconsciente, embora eu não acredite que a validade dessas fitas tenha sido inequivocamente demonstrada por pesquisas.

Superstições

Durante séculos a superstição desempenhou um papel importante na sociedade. Os gregos acreditavam que suas vidas eram regidas pelos deuses. Se a boa fortuna ocorria quando eles estavam satisfeitos, as calamidades indicavam a sua ira.

Em nossa sociedade, a atitude de "não dar chance para o azar" indica que essas crenças ainda existem.

"O senhor está melhor, Sr. Jones, não teve mais gripe?"

"Estou bem, obrigado – bata na madeira."

O Sr. Jones pode não ter consciência de que a cerimônia do "bata na madeira" tenha se originado com os druidas e sua crença de que os carvalhos eram habitados pelos espíritos da madeira. É muito difícil para o Sr. Jones deixar de bater na madeira uma vez que ele acha que com isso está dando chance para o azar.

Quando sugiro aos clientes que sejam mais positivos com relação ao futuro, eles respondem muitas vezes que "isso seria dar chance para o azar". É como se num nível profundo existisse a superstição de que "se digo para mim mesmo que tudo correrá bem, os deuses do destino serão levados a causar o contrário".

Isso bem pode ter origem numa educação que deplora a ostentação, a arrogância ou o otimismo e incentiva a negatividade, o eclipsamento de si mesmo e a humildade.

As superstições ocupam um nível muito profundo do nosso pensamento, muito longe da razão consciente que está acima. Elas são muito poderosas e resistem a influências que tentam diminuir sua importância.

Uma forma desse pensamento supersticioso é: "Se você se preocupar com algo, a preocupação que tem neste momento evitará que isso aconteça."

O pai de Leonore morreu quando ela era jovem. Sua mãe tinha problemas de saúde há muitos anos, e Leonore estava aterrorizada com a idéia de ela vir a morrer.

Durante alguns anos ela passou de duas a três horas por dia preocupando-se com a mãe, telefonando constantemente e visitando-a três vezes por semana, movida pela crença de que isso impediria que ela morresse.

Em certo nível ela se sentia deprimida e culpada por uma porção de coisas. Em outro, acreditava que a preocupação salvaria a sua mãe. Em outro ainda, podia ver que isso era ilógico.

Nosso objetivo na terapia era ligar todos esses níveis e ir construindo a sua confiança durante o processo. O mais difícil era mudar o seu pensamento supersticioso. Leonore ficava repetindo: "se eu reduzir minhas preocupações ela morre?"

"Não seria melhor se você concentrasse a atenção em si mesma e procurasse ver como chegou a essa situação?"

Passamos muitas horas ligando os diferentes níveis. Ela aprendeu a compartilhar o pensamento supersticioso com a mãe e conseguiu restaurar o equilíbrio, de modo que recuperou a paz de espírito bem como doméstica. Sua mãe *não morreu* porque ela reduziu suas preocupações.

A mente é uma espécie de órgão em múltiplas camadas, e freqüentemente é difícil descobrir a origem de suas mensagens.

A compreensão é de grande ajuda para se determinar o quanto os níveis inferiores estão afetando nossas atitudes e nosso comportamento.

Os níveis mais profundos muitas vezes se escondem sob o disfarce de razão aparente. Precisamos ter consciência desse logro e descobrir se estamos conduzindo nossas vidas ou sendo conduzidos por pensamentos passados que vêm debaixo.

O único meio de fortalecer o intelecto de uma pessoa é não ocupar a sua mente com nada — é deixar que ela seja uma via de acesso para todos os pensamentos, e não para um grupo selecionado.

JOHN KEATS

Ativadores da confiança

- Em geral, confundimos desculpas com razões; atuamos em níveis diferentes para lutar tanto com a experiência externa como com os conflitos internos. Você tem consciência de que quando usa de desculpas e tenta se enganar (e também aos outros) suas razões são legítimas?

- Acontecimentos exteriores — imagens, sons ou cheiros — podem desencadear uma reação num nível mais profundo da mente. Sua resposta pode ser exagerada ou difícil para os seus desejos conscientes. Pense no tempo em que isso aconteceu e nas emoções armazenadas em diferentes níveis que podem ter sido a causa de sua resposta.

- Um meio de reduzir as emoções armazenadas nos níveis mais profundos é aprender com a experiência, concentrar-se em experiências recentes que atualizarão esse sentimento e o substituirão. Pense em algumas experiências pelas quais você tenha passado que poderiam diluir esse sentimento armazenado anteriormente.

- Nossa conversa íntima, ocorrendo num nível inferior da mente, traz muitas vezes uma auto-avaliação acionada com a fita. "Eu não sou bom em nada; sou um sucesso; sou tímido etc." Que mensagem você está dando sobre si mesmo a partir de uma conversa íntima conduzida com regularidade?

- As afirmações são enunciados positivos, no presente, sobre si mesmo. Crie duas ou três afirmações que possam ser úteis e comprometa-se a repeti-las regularmente para si mesmo durante o dia.

10

Mecanismos que (des?)governam nossas vidas

Uma vez que tenho tido a sorte suficiente de observar muitas pessoas e o modo como suas mentes funcionam, pude aprender muito sobre os métodos usados para lidar com as dificuldades da vida.

Dentre esses métodos alguns são mais bem-sucedidos do que outros. Todos trazem benefícios (dividendos) mas alguns exigem um preço alto em relação ao resultado alcançado.

Tenho um mecanismo que me guia. É chamado "mantenha a lousa limpa". Em minha mente tenho uma lousa imaginária e se há algo escrito sobre ela sinto o peso da tarefa que está para ser completada.

O benefício que tenho é que a minha bandeja "interior" está sempre vazia. O custo é grande porque a mente não diferencia o valor do que tenho que fazer. Se tenho que comprar um grampo de papel, a preocupação é semelhante à de preparar uma palestra. Sei que tenho de fazer alguma coisa. Em meu dia-a-dia isso exerce uma pressão completamente desproporcional e desnecessária.

Os mecanismos se desenvolvem à medida que crescemos. Instruções são inseridas na mente como resultado de uma experiência. Uma vez estando lá, elas fogem ao nosso controle e passam a nos dirigir, em vez de serem usadas por nós como ajudas úteis.

> Um amigo meu descreveu seu mecanismo principal como "quando eu estiver no meu leito de morte, não quero ter de dizer 'queria ter feito isso e aquilo quando eu era mais jovem'". Isso significa que ele está sempre fazendo coisas para o caso de vir perder algo especial. As palavras de seu mecanismo estavam sempre tocando em sua mente. Se ele fosse convidado para sair ou houvesse um circo na cidade, ele *tinha* de ir.
>
> Quando conversamos ele tinha lá seus 50 e poucos anos, e disse: "Você sabe, Brian, todos esses anos, esse negócio de eu estar sempre correndo para não perder nada, na verdade não funcionou. Uma coisa que eu perdi foi estar com meus filhos à medida que eles iam crescendo. Tenho certeza de que disso me arrependerei no meu leito de morte.

Podemos começar esses mecanismos da maneira mais inofensiva. Meu amigo o iniciou quando tinha 10 anos. Ele foi ver um mágico que convidou voluntários do auditório para subir no palco. Ele queria muito ir, mas o excesso de timidez o impediu. Naquela noite ele ficou realmente desapontado por haver "perdido"; foi então que ele formulou o mecanismo que o guiou nos quarenta anos que se seguiram: "Não devo perder mais nada, tenho que aproveitar todas as oportunidades de fazer coisas excitantes."

Uma mulher que se sentia insatisfeita na vida tinha o seguinte mecanismo: "Tenho de me preocupar em como os outros estão se sentindo, e então eu serei uma pessoa boa e receberei minha recompensa na próxima vida." Sempre preocupada com os outros, ela nunca podia cuidar de suas próprias necessidades. Com o passar dos anos, o caráter destrutivo dessa atitude foi se fazendo sentir em forma de dúvidas, que a inquietavam quanto à existência de uma outra vida.

Terry estava com 55 anos e reclamava que sua vida não tinha alegrias. Ele tinha todas as coisas que merecia, mas era muito infeliz.

Escrever duas listas a cada manhã era o seu método de levar a vida. Uma lista continha coisas que ele *tinha* de fazer, e a outra, as coisas que ele *gostaria* de fazer.

Por força do modo como Terry fora criado, ele tinha de completar a primeira lista antes de poder iniciar a segunda. Quando chegava em casa, à noite, ele ainda não havia terminado a primeira lista, de modo que nunca podia fazer nada da segunda. Não é de estranhar que ele se sentisse um miserável: ele tinha um mecanismo que excluía o prazer.

Quando usamos mecanismos em um determinado aspecto de nossas vidas, freqüentemente os usamos para muitos outros. Perguntei a Terry como ele comia sua refeição quando ia a um restaurante.

"Ah, eu olho para o prato, vejo o que eu gosto mais e o deixo por último."

É surpreendente como muitas pessoas com problemas psicológicos os mantêm em segredo.

O Sr. Smith consegue esconder seu medo de elevadores.

"É uma boa idéia? Funciona?"

"Não muito. Quando eu chego no que realmente gosto o prato já ficou frio e eu estou satisfeito."

Pedi-lhe que ele fosse a um restaurante e comesse primeiro aquilo de que gostava mais. Foi preciso um esforço para convencê-lo, uma vez que ele estava aferrado aos seus procedimentos. Quando foi ao restaurante e alterou seu padrão de alimentação, voltou parecendo muito mais feliz.

"Joguei fora aquelas listas. Vejo agora o quanto elas eram ridículas. Fico impressionado em como pude ser tão tolo por tanto tempo. Eu simplesmente não chegava a pensar nisso. Agora a minha vida é muito mais fácil e feliz."

É surpreendente como muitas pessoas com problemas psicológicos ou psicossomáticos os mantêm em segredo.

"Não posso deixar ninguém saber do meu problema. Tenho tanta vergonha dele. É minha culpa e tenho de saber controlá-lo."

Se essas pessoas tivessem amidalite ou apendicite, elas reagiriam de modo bem diferente. Por que algo relacionado à mente é *nosso* problema e algo relacionado com o corpo *não* o é?

Ataques de pânico, insônia, medo de andar de metrô ou de ir a supermercados, timidez, medo de falar em público, fobias, todos esses são problemas que causam imenso sofrimento. Eles não são culpa da pessoa que os têm. Não é preciso escondê-los de vergonha ou culpa, caso os outros pensem que você está ficando louco.

Na verdade, quanto mais pessoas souberem de seu estado, melhor se sentirá a pessoa afetada. É como tirar um peso dos ombros. Para muitos dos clientes que vêm até mim, a principal tarefa é contar a tantas pessoas quantas for possível sobre o que os aflige. O estado deles melhora enormemente pelo simples fato de o fazerem.

O compartilhar da dor é o começo da cura.

Louise era uma secretária e veio até mim em busca de ajuda para sua gagueira. Não era muito sério, mas a atrapalhava e diminuía a sua confiança em muitas situações.

Quando perguntei a ela o que seus amigos pensavam a respeito de sua gagueira, ela respondeu com alguma preocupação.

"Ah. Eu nunca contei a ninguém que tenho uma gagueira."

Isso pareceu-me um tanto estranho, e supus que os amigos soubessem pelo modo como ela falava.

"Eu não conseguiria contar a eles, eu ficaria transtornada. E o que eles pensariam de mim? Provavelmente pensariam que tenho um problema mental."

"Mas certamente eles sabem."

"Talvez saibam, mas eu não conseguiria contar a eles."

Durante algumas semanas eu a persuadi a contar à sua melhor amiga. Foi preciso muita persuasão, pois ela tinha muito medo do resultado.

Após contar à sua amiga, que lhe respondeu que já sabia, ela começou a contar aos outros. Quanto mais ia contando para mais pessoas, menos ela gaguejava. Ao final, a gagueira desapareceu completamente.

Janet tinha problemas com sua auto-afirmação. Participava de muitas reuniões de trabalho sem jamais dizer palavra. Tinha grandes dificuldades com relacionamentos, e nos jantares a que comparecia ficava tão quieta quanto um rato.

"Há muitas coisas que eu gostaria de dizer, mas tenho muita vergonha de falar. Tento criar coragem, fico nervosa e sinto que eu estou ficando vermelha, e daí fico quieta. Sinto que vou fazer o papel de tola, embora eu gostaria de dizer, se eu tivesse confiança o bastante, uma porção de coisas que seriam muito interessantes."

Janet tinha pavor de cometer um erro. Pavor de ser o centro das atenções — de estar sob os holofotes. Sentia-se assim desde quando conseguia se lembrar.

Há uma parte do relato de Janet que constitui uma atitude clássica de alguém que está com medo de cometer um erro. Aconteceu quando ela tinha 8 anos.

"Eu fui fazer uma prova e, quando li as questões, comecei a achar que seria horrível se eu fizesse alguma coisa errada. Então não respondi questão alguma, entreguei a folha em branco, e com isso não cometi erro algum!"

Janet estava certa e também bastante errada. Ao não responder nenhuma questão, ela não cometeu erro algum. Ao não cometer erro algum, cometeu o maior de todos e fracassou na prova. O objetivo da prova era verificar se ela seria capaz de passar, e não ver se conseguiria não cometer nenhum erro.

A vida de Janet seguiu o mesmo curso daquela prova. Ela passou a vida inteira certificando-se de que jamais cometeria erro algum, e foi a sua vida que fracassou nesse processo.

O trabalho que tivemos de fazer nos meses que se seguiram foi alterar sua filosofia de modo que ela pudesse mudar as regras que tão mal haviam dirigido a vida. Pouco a pouco ela começou a assumir riscos para realizar tarefas, mesmo cometendo erros. De tempos em tempos ela cometia algum erro intencionalmente para aprender que isso não seria assim tão ruim e que ela conseguiria sobreviver.

Aprendeu a fazer comentários e perguntas nas reuniões, e durante o processo percebeu que os outros pouco percebiam. Falou um pouco de si mesma para os outros. Escreveu um pequeno artigo para o informativo da empresa.

Cada vez que ela realmente fazia alguma coisa, podíamos discutir suas sensações, suas dificuldades, conversar sobre a reação dos outros e sobre o resultado.

Fazíamos referências constantes àquela prova de quando ela tinha 8 anos para que ela pudesse ver como aquela atitude havia limitado sua vida.

Alguns outros mecanismos que tenho visto são os seguintes:

- "Tenho de estar no controle todo o tempo. Se eu não estiver no controle, algo terrível pode acontecer."
- "Não posso crescer. Se o fizer, serei como meus pais, e isso será horrível. Além disso, eu teria de assumir responsabilidades, coisa que eu odeio."
- "Se eu ficar me concentrando nos desastres que possam vir a acontecer, estarei preparado para tudo e poderei lidar melhor com eles."
- "Meu marido sabe o que é melhor para mim. Se eu deixá-lo conduzir minha vida, dará tudo certo."

COMO COMPREENDER A CONFIANÇA 103

- "Tenho de ficar correndo para lá e para cá e fazer tudo rapidinho. Tenho de conseguir encaixar tudo no meu dia; assim, eu me sentirei bem e serei apreciado pelos outros."

Para reforçar nossas crenças, nós percebemos situações que as reforçam. Pessoas que têm medo de viajar de avião encontrarão uma pequena notícia de jornal descrevendo um acidente de avião na Coréia, ao passo que os que não tiverem fobia ignorarão o artigo completamente. *É como se nossas antenas estivem voltadas para receber quaisquer fragmentos de informação que reforçará nossas crenças.*

Francis Bacon afirmou isso sucintamente ao dizer: "Os homens marcam o que os toca e nunca o que lhes falta."

A mente inconsciente tem um reservatório de medos e preocupações, retidos para prevenir que circunstâncias parecidas nos sobrevenham novamente. Para nos proteger o inconsciente desenvolve uma hipersensibilidade a qualquer situação que tenha uma semelhança com a original.

O mecanismo de proteção envolve disparadores (ver Capítulo 9, Os múltiplos níveis da mente) que ligam uma situação presente a uma experiência passada, criando emoção. As antenas de nossa mente estão voltadas para as experiências passadas, provocando uma resposta imediata e intensa em caso de uma situação parecida.

Todos temos mecanismos de um ou de outro tipo. Alguns são muito úteis para realizar o que merecemos na vida. Outros criam problemas em vez de soluções.

É importante perceber que, uma vez estando o mecanismo no lugar, *ele nos dirige*, e não o contrário. Nossa escolha é alterá-lo ainda que, se não tivermos consciência de que ele *está nos governando,* tenhamos o que eu chamo de "uma ilusão de escolhas". Essa ilusão é uma crença de que podemos mudar pequenas coisas no mecanismo e de que isso resolverá nossos problemas.

A mudança real que precisamos fazer é *nos tornarmos conscientes* do mecanismo envolvido e melhorá-lo, atualizá-lo e torná-lo mais adequado, de modo que a mudança *real* ocorra e seja seguida de melhorias.

Contudo, por mais que se mude uma locomotiva, ela seguirá na mesma direção se continuar na mesma rota. Alterar o desenho das rotas fornecerá destinos completamente novos.

Um mecanismo que aprecio vem de uma companhia de artigos esportivos:

Simplesmente faça!

Todos criamos mecanismos de defesa para nossa sobrevivência. Alguns, contudo, perseguem um longo caminho em direção à nossa destruição.

Ativadores da confiança

- Um conceito útil é o de que um mecanismo ou crença influencie o modo como governamos a nossa vida. Alguns desses mecanismos são úteis, outros são herdados ou governados pelo hábito, mostrando-se improdutivos e nocivos. Pense em algumas das regras que você diz para si mesmo e avalie se elas são úteis em governar sua vida do jeito que você quer. Essas regras são muitas vezes breves máximas repetidas mentalmente, tais como: "O que as pessoas vão pensar?" ou "vou parecer um tolo se fizer isso" ou "seria horrível se eu errasse aqui".

- Todos os nossos defeitos ou fracassos tendem a ser mantidos em segredo. E muitas vezes, ao compartilharmos esse segredo, temos uma agradável surpresa diante da resposta positiva e do apoio que recebemos. Pense num "segredo" que você esteja mantendo sobre sua atitude pessoal. Você acha que teria confiança suficiente para compartilhá-lo com alguém próximo e aprender com essa experiência?

SEÇÃO DOIS

Avaliação
da Confiança

11

A lista de verificação

Para entender a confiança é útil fazer uma lista de verificação descrevendo como são as pessoas confiantes e as não-confiantes.

É uma lista geral e não um documento científico ou uma definição de dicionário. Compilei as que foram lembradas por pessoas que vieram até mim e recordaram suas qualidades. Há algum exagero, para ressaltar as observações que eu gostaria de fazer.

Pessoas confiantes

1. Acreditam em si mesmas, no que fazem e têm o controle de sua vida.
2. Assumem a responsabilidade por suas ações.
3. São equilibradas em sua atitude e perspectiva.
4. São flexíveis com pessoas e situações.
5. Sua conversa íntima interna é positiva, confere-lhes apoio e atenção.
6. Não são governadas por "dever, ter de e é preciso que".
7. Aprendem com seus erros e vêem as experiências como úteis.
8. São capazes de avaliar-se de uma maneira realista.
9. Conseguem ser afirmativas sem ser agressivas.

10. Falam calmamente e numa velocidade adequada.
11. São "diretas" em suas opiniões e nas discussões.
12. Não têm nada a esconder quanto a suas crenças pessoais.
13. Sua linguagem corporal traz consigo a autoconfiança que sentem.
14. Não precisam criticar nem julgar para ativar seu ego.
15. São bons ouvintes e não se preocupam exageradamente com o que os outros possam pensar delas.
16. Aceitam-se pelo que são — nem por seus êxitos nem por seus fracassos.
17. Quando uma oportunidade lhes é oferecida dizem "por que não?" em vez de "por quê?"
18. Vêem a vida como uma série de desafios.
19. Se perguntados sobre que animal eles representam podem citar um que seja poderoso, como um cavalo ou um gorila.
20. Aceitam a mudança como parte normal da vida.
21. Mantêm um contato visual quando estão falando com outra pessoa ou ao ouvi-la.
22. Chamam o lidar com outras pessoas de "negociação".
23. Acreditam ter a capacidade de influenciar situações.

Pessoas inseguras

1. Sua linguagem corporal indica falta de confiança.
2. Sua fala pode ser mole e murmurada ou excessivamente alta.
3. Elas falam rapidamente e num tom nervoso.
4. Precisam prevalecer sobre as opiniões dos outros para convencer a si próprias (e talvez também aos demais) de que podem ser aceitas.
5. Não são bons ouvintes e interrompem constantemente para chamar atenção.
6. Precisam de que gostem delas e temem a rejeição.
7. Precisam de apoio e aprovação dos outros.
8. Culpa e medo de falhar desempenham um papel importante em sua vida.
9. Usam a fuga como técnica principal para prevenir erros, que elas vêem como fracassos.

AVALIAÇÃO DA CONFIANÇA

10. São muito preocupadas com "o que os outros vão pensar".

11. São atormentadas e estão sempre preocupadas com resultados e críticas.

12. Sua conversa íntima interior é cheia de dúvidas, críticas, medos e palavras negativas.

13. Vêem a vida como uma série de problemas.

14. Sua filosofia é "não entre na briga se não for para ganhar".

15. Se fossem perguntadas sobre um animal com o qual se identificam, responderiam ser "coelho" ou "rato".

16. Acreditam pouco em si mesmas como pessoas, menosprezam e subestimam suas capacidades.

17. Comparam-se com os outros de forma desfavorável.

18. Usam perguntas na maior parte de sua conversação.

19. Esperam críticas e dizem "desculpe-me" muitas vezes.

20. Podem ter dúvidas sobre si mesmas, sobre suas capacidades e sobre a opinião dos outros a seu respeito.

21. Distorcem o que se diz para ouvir censura e críticas. Isso vem ajustar o que ouvem à sua conversa íntima.

22. Podem usar a agressividade como forma de autodefesa.

23. São tímidas e retraídas quando em companhia de outros, e têm medo de conhecer novas pessoas.

24. Ficam em pânico quando têm de ir a festas, estando sob os refletores e por ocasião de discursos ou apresentações.

25. Vêem uma platéia como "o inimigo" esperando para destruí-las com suas críticas.

26. Sentem-se seguras quando em situação estável — qualquer mudança é um problema.

27. Quando estão conversando, seus olhos movem-se para lá e para cá, olhando para toda parte menos para a pessoa com quem estão falando.

28. Sentem que lidar com os outros é um "confronto" e acreditam que serão o perdedor.

29. São passivas, acreditam não ter poder ou controle e que serão as vítimas em qualquer interação que haja.

30. Têm muita dificuldade para ser vulneráveis.

O que constrói a confiança?

Fiz uma pesquisa com alguns de meus clientes, que responderam a seguinte pergunta: "O que ajuda a construir a confiança em você?"
Algumas das respostas foram:

- Achar que pareço bem.
- Ser elogiado por outras pessoas.
- Estar bem preparado para o que vou fazer.
- Ter me certificado de que as coisas correrão bem.
- Estar com os amigos.
- Atingir objetivos pessoais.
- Usar cores luminosas.
- Quando alguém, mesmo um estranho na rua, sorri para mim.
- Fazer alguma coisa que não ousei no passado.
- Quando sou menos duro comigo mesmo, aceitando que cometo erros e que isso é normal.
- Quando me distancio, olho para mim mesmo e penso no que farei.
- Quando venço meus medos.
- Tentar coisas diferentes.
- Estar com pessoas positivas.
- Tomar decisões por mim mesmo.

Sem autoconfiança somos como bebês no berço. E de que modo podemos gerar essa qualidade imponderável? Pensando que outras pessoas são inferiores a nós. Sentindo que temos uma superioridade inata sobre outras pessoas.

VIRGINIA WOOLF

Ativadores da confiança

- Leia a lista de qualidades relacionadas às pessoas confiantes. Confira as que você crê possuir e pontue-se a partir de 23.
- Olhe para as qualidades que você não crê possuir e pense em como você pode conquistá-las usando outros capítulos deste livro.
- Leia a lista de qualidades relacionadas às pessoas inseguras. Confira as que você *não* possui, pontue-se a partir de 30.
- Note quais qualidades desta lista são possuídas por você. Volte-se para uma delas e pense em como você poderia abrandá-la usando outros capítulos deste livro.

12

A influência das personalidades

Nossa atitude desempenha um papel de importância na coragem diante de experiências. Essa atitude para com "os de fora" é uma imagem-espelho do modo como nos vemos.

Vamos criar algumas personalidades hipotéticas para ilustrar extremos de comportamento. É um meio de evidenciar a avaliação de sua confiança.

Vítimas

Acreditam não possuir direitos. Qualquer pessoa é mais importante do que elas. Gastam tanto tempo satisfazendo as necessidades dos outros que acabam não sabendo mais o que querem.

Sua vida é governada por injunções do tipo "dever, ter de, é preciso que e não poder". Não têm controle sobre o que lhes acontece e desempenham um papel passivo nas atividades dos outros.

Atormentados

Existem dois grupos de atormentados:

* Atormentados com o passado
* Atormentados com o futuro

Os atormentados com o passado são assolados pela frase: "Se pelo menos eu não tivesse...", que é constantemente repetida em sua fita interna, fazendo com que se culpem pelos problemas que lhes acontecem.

Tendo cometido erros no passado, sentem medo de assumir riscos no presente. Sua confiança fica reduzida no caso de o mesmo acontecer novamente. Sua cabeça é voltar-se para trás em vez de viver no presente e encarar o futuro.

A emoção que corrói sua confiança é a culpa, e sua senha é a prudência.

Os atormentados com o futuro nunca estão onde a vida realmente está — no presente. Estão sempre fora, antecipando problemas. Sua maior habilidade está em predizer armadilhas que nunca chegam a acontecer.

São governados pelo "e se...?" e estão sempre vendo calamidades. Assumir riscos é algo estranho à sua filosofia de vida, além de trazer muitos perigos.

Estão sempre controlando extravagâncias e planejando tudo para evitar possíveis armadilhas. Precisam ter certeza de qualquer resultado, farão reservas para o teatro com um ano de antecedência "só para garantir". A segurança é essencial e o menos do que certo é muito doloroso para ser contemplado.

Enquanto estão comendo o prato principal, preocupam-se com a possibilidade de não haver sobremesa. Durante a sobremesa, preocupam-se com a possibilidade de o café estar frio. São guiados pela preocupação. Sua confiança depende da certeza dos acontecimentos futuros. Verificam se tudo está sempre sob controle e não se aventuram a sair de seu círculo de segurança.

Pessoas depressivas

São pessoas que estão sem energia; sua bateria está arriada; elas "não podem se aborrecer"; perderam o entusiasmo.

Sua principal atividade é esperar até que alguém faça uma sugestão, quando então a negam e desfiam as razões pelas quais não daria certo. Seu principal objetivo é não fazer nada, uma vez que é tão baixo o seu nível de energia.

Sua linguagem corporal irradia a "mortificação" que sentem por dentro. Têm uma expressiva falta de confiança e acreditam que não fazendo nada isso possa ficar oculto. O pessimismo é seu amigo e aliado.

Pessoas agressivas

Elas acreditam que a beligerância realizará os seus objetivos no lugar delas. Qualquer que seja a pergunta, a agressividade é a resposta. Suas experiências passadas reforçam essa atitude. São insensíveis aos sentimentos dos outros e não têm consciência da diferença entre agressão e afirmação.

São personalidades muito egocêntricas, voltando-se quase que exclusivamente para as suas próprias necessidades. São inflexíveis e têm necessidade de controlar, são as pessoas brigonas que realizam as coisas às expensas das outras.

Aprenderam que podem conseguir resultados gritando com as pessoas, de modo que é só isso que fazem. Qualquer discussão que aponte para caminhos alternativos é vista como fraqueza. Têm muito orgulho de suas realizações, e não perdem tempo quando se trata de mostrá-las a quem quer que esteja disposto a ouvir.

Bem lá no fundo, são em geral inseguras e irritadiças. Esses sentimentos estão muitas vezes isolados deles próprios e, quando apontados, são negados (geralmente de forma agressiva). Para satisfazer suas necessidades, costumam cercar-se de personalidades de vítimas.

Pessoas tímidas

Essas pessoas não têm controle sobre a sua vida e deixam que outros o façam para elas. Esperam que alguém determine a sua vida. Sentem a qualidade de ser afirmativo como ser agressivo, e isso é a pior sensação do mundo. Talvez um de seus pais tenha sido uma pessoa agressiva, razão pela qual tudo fazem para evitar que isso aconteça com elas.

São "da ala dos que esperam" — esperam que coisas aconteçam, mas são incapazes de ser ativas para realizá-las. Não têm poder, e por isso precisam ser receptivas em vez de inflexíveis.

Sabem o que querem mas não têm o poder para realizá-lo. Para elas, o melhor é que fiquem quietas. Seu principal objetivo é não ficar no caminho dos outros. São comandadas por seus sentimentos e preocupadas com os sentimentos alheios.

Importam-se de menos com suas necessidades e demais com as dos outros. A fuga é seu principal meio de lidar com o mundo. São sempre esperançosas e percebem a frustração de não serem capazes de realizar suas esperanças por sua própria força.

Irredutíveis

Os irredutíveis estão voltados para o que podem fazer para mudar coisas ou pessoas. Toda informação recebida é canalizada para "como posso arrumar isso?"

São realizadores e "orientados para tarefas", na qual tudo traduzem numa tarefa acompanhada pela pergunta "como posso arrumar isso? Os sentimentos das outras pessoas não são levados em conta quando eles têm um resultado em vista. Eles estão em sua cabeça mais do que em seu coração.

Podem ser bem-intencionados e surpreendem-se muitas vezes quando alguém exclama que seus sentimentos estão feridos. São simbolizados pelo escoteiro que ajuda a senhora a atravessar a rua e é surpreendido quando ela exclama que estava apenas esperando uma amiga.

São bem-sucedidos nos negócios, mas têm dificuldades nos seus relacionamentos. Tentam muitas vezes "arrumar" as pessoas e tomar nos ombros os fardos dos outros.

É grande a confiança que têm em si mesmos, já que são realizadores e estão voltados para os empreendimentos que podem criar e para os problemas que podem resolver.

Relaxados

Como o próprio nome já diz, são o oposto dos irredutíveis. Não estão nem um pouco preocupados com resultados. Satisfazem-se em deixar os ventos da fortuna soprar para lá ou para cá. Não sentem nenhuma necessidade de determinar coisa alguma. "Dançam de acordo com a música" e são capazes de fazer frente a qualquer resultado.

Não são bem-sucedidos num sentido material, mas dão muito valor às emoções — tanto às suas próprias como às dos outros. São capazes de ver um lado positivo não importa o que aconteça e "controle" é uma palavra que não consta de seu vocabulário.

Pessoas ansiosas

Irradiam eletricidade. Quando entram na sala você sabe que elas estão lá. Sua linguagem corporal é a do medo. Sentam na ponta da cadeira, inquietas, seus olhos estão sempre em movimento.

Dão a impressão de estar em perigo iminente. Não conseguem ouvir, já que se voltam para seus medos. Podem parecer agressivas, mas isso é um agir superficial atuando como mecanismo de defesa. Sempre alerta, seu sistema de alarme interno constantemente os adverte do perigo.

Têm dificuldade em tomar decisões porque estão sob o domínio do medo. Estão sempre ocupadas com suas próprias necessidades, precisando reassegurar-se sempre que possível.

Vampiros emocionais

São personalidades complicadas, mas você saberá tudo a seu respeito relacionando-se com eles.

Sua capacidade principal é encontrar defeitos em todo mundo, exceto neles próprios. Sua principal arma é a censura, e dependem da culpa de sua vítima para assumir o controle. Nunca estão errados e com isso adotam uma postura de superioridade. São hábeis com as palavras, de modo que é difícil fazê-los aceitar um ponto de vista.

São narcisistas, e por isso acham-se voltados unicamente para as suas próprias necessidades. Fazem com que os outros se sintam desesperados e desesperançados e estão sempre certos. Não aceitam sugestões, refutando com um "sim, mas" quando alguma lhes é dada.

Eles consideram as mudanças muito ameaçadoras, razão pela qual fazem tudo o que estiver a seu alcance para preveni-las. Têm uma personalidade rígida por causa da necessidade de certeza e controle.

Lá no fundo são extremamente inseguros, construíram camadas de agressividade para cobrir essa insegurança. Suas reservas emocionais estão no nível mais baixo, de modo que precisam "sugar" as emoções dos outros para sobreviver.

Entusiastas

São cheios de vigor com relação a qualquer coisa em que estejam envolvidos. São superotimistas e focalizam apenas os resultados positivos. Minimizam obstáculos e usam sua energia para encontrar meios de contorná-los.

Apreciam muito que os outros compartilhem o seu entusiasmo. Num cruzeiro, enquanto alguns descansam no convés com seu *pink gin*, eles estarão correndo de um lado para o outro tentando formar um time para um jogo de malha.

Seu enfoque está mais voltado para fora do que para dentro. São missionários tentando fazer com que os demais compartilhem sua alegria de viver.

Têm dificuldade em compreender os deprimidos e pessimistas. Sua atitude é a do "vamos tentar", e para a sua confiança o céu é o limite.

É divertido estar com eles, e você pode ter certeza de que passará horas agradáveis. Talvez seja mais fácil tê-los em pequenas doses do que como parceiros em período integral.

Pessoas confiantes

São equilibradas e têm qualidades relacionadas a muitas das personalidades que aqui discutimos. Elas têm coisas em perspectiva e são conscientes tanto de seus sentimentos como de suas tarefas. Têm uma atitude adulta e são capazes de ser afirmativas sem ser agressivas.

Respeitam-se e aceitam a si mesmas e conhecem as próprias limitações. Também são capazes de respeitar os outros e de não tentar modificá-los. Estão num ponto de equilíbrio entre relaxados e irredutíveis. Não têm necessidade de ostentar suas capacidades e estão sempre prontas a ouvir e a aprender.

Têm consciência de seus sentimentos e também dos sentimentos dos outros, tratando ambos com respeito. Sua confiança permite que estejam abertos a falhas. Estão conscientes de seu lado obscuro e não tentam escondê-lo.

Todas as personalidades que retratei aqui são extremas e exageradamente dramatizadas para ressaltar algumas das facetas que a nossa personalidade contém. Somos todos uma mistura de diferentes características, uma combinação em diferentes proporções. Em geral há uma ou duas dessas características que dominam nosso comportamento.

Se você se identificou com uma ou mais categorias, veja se é feliz em ser assim. Talvez você encontre algumas categorias que lhe sejam mais adequadas. Procure notar os componentes dessas categorias — os aspectos que você gostaria de realizar, e então imagine como seria se você agisse daquela maneira.

Talvez seja melhor aceitar o modo como você é e perceber os benefícios advindos dessa atitude. Procure perceber os êxitos e as realizações que você conquistou atuando daquela maneira. Pergunte a si mesmo se as forças motivadoras subjacentes que ditam o seu caráter carecem de atualização ou adequação. Se estiverem desatualizadas, faça uma substituição por aspectos mais adequados ao modo como você vê o mundo.

O objetivo é chegar a um equilíbrio entre tipos de personalidade, fazendo com que você mantenha a sua individualidade e tenha também oportunidades para realizar o que você deseja da vida.

---

*Para ser homem, o homem deve
governar o império de si mesmo*

PERCY BYSSHE SHELLEY

Ativadores da confiança

- Há 11 personalidades hipotéticas mencionadas neste capítulo: vítima, atormentado, depressivo, agressivo, tímido, irredutível, relaxado, ansioso, vampiro emocional, entusiasta e confiante. Agora, com relação à sua própria personalidade, quais são suas características? Elas estão criando uma atitude que lhe é apropriada? Qual delas você gostaria de mudar?

- Peça a um amigo íntimo para ler o capítulo com você, e depois conversem aberta e francamente sobre as diferentes personalidades de um e outro.

- Escolha alguém que você conheça e verifique quais características compõem a sua personalidade. Quais delas podem ser melhoradas em benefício da pessoa em questão?

13

Como sair de trás do rótulo

Se você for a uma galeria de arte e observar as pessoas, perceberá em muitas delas um procedimento típico.

Olham um pouco a pintura, caminham em direção à tela, lêem o título da obra e o nome do artista, e então voltam à posição anterior e olham novamente.

A segunda vez que vêem o quadro, elas não o vêem com seus próprios olhos; as pessoas então vêem a pintura de modo diferente porque o conhecimento do artista coloriu a sua percepção. A pintura foi agora rotulada e categorizada, impedindo as pessoas de vê-la por si mesmas.

Como disse Krishnamurti, "O dia em que você ensinar a uma criança o nome do pássaro, ela nunca mais verá o pássaro novamente."

O problema com os rótulos é que eles são restritivos e muitas vezes inexatos. Quando rotulamos a nós ou aos outros, colocamos aí um limite.

Se disséssemos que alguém é um "verdadeiro atormentado", isso descreveria apenas um de seus padrões comportamentais. Obviamente há muitos outros que não são incluídos por esse rótulo descritivo.

Quando eu era médico residente num hospital em Melbourne, aprendi sobre as doenças examinando pacientes em várias alas. Todas as manhãs, nosso supervisor nos dizia o que ver: "Examine o rim inflamado na Ala 6."

Ele não mencionava se a pessoa era homem ou mulher, velha ou jovem, feliz ou triste; tudo o que sabíamos era que um "rim inflamado" estava internado na Ala 6.

Você pode imaginar como a pessoa se sentiria se soubesse que a rotulavam de "rim inflamado da Ala 6"?

Desde que me graduei na escola de medicina, adquiri vários rótulos — clínico geral, anestesista, hipnoterapeuta, consultor, psicoterapeuta. Se alguém me perguntasse o que sou e eu desfiasse toda a lista, a pessoa iria embora, confusa, antes mesmo de eu terminar.

Pensei muito sobre como eu poderia responder a uma questão como essa, e pensei mais no que eu "fiz" do que em rótulos que me descrevem. Percebi que o que eu faço é "desafiar crenças restritivas", e é isso que eu respondo sempre que sou perguntado sobre minha ocupação.

A indústria do vestuário levou o sistema de rotulagem a proporções extremas. Há alguns anos, a etiqueta de um blusão era pequena e interna, o que nos ajudava a saber se o blusão estava vestido do lado certo. Hoje o nome da marca é fixado em letras grandes na frente do blusão ou do lado de fora. A indústria tem sido esperta o suficiente para nos convencer de que está na moda vestir uma roupa dessas e ao mesmo tempo anunciar a sua marca. Essas etiquetas grandes servem para mostrar ao mundo que somos suficientemente elegantes, chiques, ricos e inteligentes para comprar aquela peça do vestuário. O blusão faz tudo isso por nós, e podemos nos esconder com segurança atrás da etiqueta sem nada fazer para nos promover.

Na vida é assim. Criamos rótulos para nós mesmos e buscamos refúgio atrás deles. Dizemos para nós e sugerimos para os outros que somos um rótulo (inserido) e atuamos de acordo com isso.

Tal como o visitante de uma galeria de arte, precisamos conhecer o rótulo para nos sentirmos à vontade. Para nós é simplesmente muito difícil sermos nós mesmos, sem requerer nenhum rótulo, assim como o visitante de uma galeria teria dificuldades se evitasse conferir o nome do artista.

Imagine se você desse para si mesmo o rótulo de "desiludido". Ao conversar, você estaria sempre chamando a atenção para esse fato. Você daria exemplos para ilustrar o quanto você está desiludido, e seu viver assumiria o caráter de alguém que *é* desiludido. É como se numa peça teatral você representasse o papel de uma pessoa desiludida.

Imagine se você desse para si mesmo o rótulo de "desiludido"... O rótulo que nos damos é semelhante a uma descrição de função.

O rótulo que nos damos é semelhante a uma descrição de função. Se nos chamarmos constantemente de desiludidos, estaremos trabalhando para chegar a isso. É como uma profecia que se auto-realiza.

De certa forma precisamos categorizar as pessoas para lidar com elas. Quando encontramos alguém pela primeira vez numa festa, fazemos-lhe perguntas para colocá-lo num compartimento e assim poderemos nos relacionar com ele.

"O que você faz?"

"Você está casado, tem filhos?" etc.

Essas etiquetas que colocamos nas pessoas nos ajudam a nos sentir à vontade; podemos colocá-las num compartimento, sabemos quem elas são. É um pouco como *bites* sonoros de uma TV que descrevem um acontecimento. Sabemos que eles são um advogado, um vendedor de carros, uma secretária, e isso permite que nos relacionemos com o estereótipo que temos em mente.

AVALIAÇÃO DA CONFIANÇA

Damos para nós mesmos rótulos parecidos, e nossas fontes interiores obedecem à "descrição de função" à que nos confinamos.

Se usamos rótulos positivos para nós mesmos, isso ajuda com energia e atitude. Dando a nós mesmos a descrição — "Sou uma pessoa boa, faço o melhor que posso, assumo a responsabilidade pelos meus atos", lidamos de forma muito melhor com o que acontece conosco do que se dissermos "eu sempre faço errado, é culpa minha que as coisas dêem errado, e espero que os outros não descubram".

O rótulo de Jessica era "sou uma atormentada de nascença". Ela veio até mim com sintomas de fadiga pós-viral (encefalomielite miálgica).

Jessica era um consultora em informática de 30 anos. Tinha uma relação de três anos com Tom e possuía apartamento próprio em Londres.

Nos últimos 12 meses ela vinha lutando para conseguir trabalhar. Estava sempre cansada e passava a maior parte do fim de semana descansando para preservar sua energia.

Passara por muitos médicos e feito uma multidão de testes sem que nenhum diagnóstico específico fosse feito.

Quando lhe perguntei sobre sua inclinação para atormentar-se, ela respondeu: "Herdei-a de minha mãe. Ela teria ganho medalha de ouro na Olimpíada dos Atormentados. E eu também sou muito boa nisso, qualquer coisa que possa dar errado já me preocupa."

O rótulo de Jessica descrevia-lhe o modo como ela precisava se comportar. A constante perda de energia com preocupações desempenhava um papel importante em seu cansaço. Ela precisava encontrar outra perspectiva na vida, mas isso lhe era difícil uma vez que ela ficava totalmente absorvida pelo rótulo "atormentada de nascença".

Foram necessários meses de terapia, análise, reprogramação, meditação e afirmações para que Jessica percebesse que haviam outros meios de ver o mundo. Em nossa última sessão ela foi capaz de dizer, "não me chamo mais de 'atormentada'. Agora sou uma pessoa 'satisfeita', e isso me faz sentir muito melhor. Sou hoje muito mais capaz de permitir que a vida tome seu curso do que eu costumava ser; aceito erros e também que as coisas aconteçam de modo diferente do que eu tinha planejado. À noite durmo muito melhor, não fico mais com medo dos dias que estão por vir".

Também a energia dela reviveu nos meses de terapia à medida que ela mudou rótulos e parou com o constante sorvedouro de energia.

Não somos um rótulo. Somos muitas coisas mais, e atentar nos aspectos positivos da nossa personalidade é muito mais útil do que ficar resmungando sobre aqueles que precisam melhorar.

Quem sabe você, na próxima vez em que visitar uma galeria de arte, terá a confiança de ver os quadros por seus próprios olhos sem precisar da referência do nome do artista para a sua paz de espírito.

Podemos mudar o modo como sentimos mudando o modo como olhamos para as coisas, mesmo se a situação continua sendo a mesma.

Ativadores da confiança

- Usamos rótulos para identificar uma característica particular de uma pessoa. Pense em alguns dos rótulos que você usa para se descrever a si mesmo. Você diria que é feliz, confiante, relaxado, flexível ou você usaria rótulos como tímido, nervoso, culpado, atormentado?
- Uma vez que é freqüente moldarmos nossa personalidade para que ela se adeque ao rótulo por nós usado, você acredita que os rótulos atribuídos a você *causam* suas ações e atitudes?
- Como você se descreveria a si mesmo? Anote alguns modos pelos quais você poderia pensar, sentir e agir para se adequar a essa descrição.

14

Mudanças parecem estranhas

Eu tenho uma colméia no fundo do quintal. Tenho muito prazer (algum mel e muitas picadas) com minhas amigas, as abelhas.

Elas têm assombrosas propriedades de navegação — usam as árvores em volta, o sol e outros objetos para saber como voltar para a colméia. Elas saem para coletar pólen e néctar das flores e retornam numa linha reta* com uma acurácia infalível.

Não posso mover minha colméia nove metros de onde ela está. Se eu fizer isso, as abelhas voltam para o local de origem e começam a voar em círculos até morrer. Ainda que a colméia fique a apenas nove metros de distância, os instrumentos de apoio à navegação das abelhas não permitem mudança tão drástica.

Para mover a colméia nove metros eu precisaria movê-la cerca de trinta centímetros por dia, para permitir que as abelhas renavegassem até o alvo final da mudança. Elas podem lidar com isso e sobreviver.

Assim é com os humanos. "Mudanças são percebidas com estranheza" e requerem um processo gradual para que a transformação ocorra.

---

* Em inglês, *bee line*; literalmente, "linha de abelha".

Parte de você deseja a mudança – daí, a leitura deste livro – enquanto outra parte resiste a ela lançando mão de qualquer estratagema.

Tenho uma teoria segundo a qual uma parte muito primitiva de nosso cérebro acredita que a mudança é uma ameaça à sobrevivência. Ela sabe que ao menos você está vivo e que não há garantia se você mudar daí.

A parte de nosso cérebro que luta e assume riscos em geral trabalha com informações desatualizadas – relacionadas com experiências passadas. Sua mensagem é "não entre na briga se for para perder", que assegura a sua permanência no local em que você estiver, onde quer que seja. Um lema para o aperfeiçoamento é "melhor tentar e falhar do que não tentar", que apóia a atitude "vamos tentar". "Por que não?" é preferível a "por quê?" (ver Capítulo 21, Como enfrentar o medo).

O "conforto do desconforto" é uma sensação que todos temos quando já estivemos lá antes. As pessoas que passam por mudanças dizem que se sentem estranhas, confusas, desorientadas, instáveis, amedrontadas. Costumam ser sentimentos saudáveis – parte do processo de passar de A para B.

Eu comparo essa situação às sensações que um trapezista deve ter. Ele está se balançando numa barra muito acima da multidão. Para alcançar a outra barra ele tem de deixar aquela em que está se segurando. Enquanto está voando pelo ar, imagino que ele tenha todas as sensações descritas acima, mas esse é o único meio de chegar lá. Se ele continuar na barra de origem ele pode se sentir mais seguro, mas ele perderá o seu emprego e é improvável que receba calorosos aplausos da platéia que está embaixo.

Muitos de nós desenvolvem uma rigidez que impede mudanças. Ficamos atados a nossas crenças, e em vez de usar informação nova para mudá-las, usamo-la para reforçar a atitude original.

É como se tivéssemos uma teoria sobre a vida e quando a evidência contradissesse aquela teoria nós a ignorássemos e reafirmássemos a nossa crença.

Isabel, 40 anos, é diretora executiva de uma companhia aérea européia. Ela tem pavor de ficar doente ou de estar com alguém que possa ficar doente. Sua vida foi dominada por esse medo. Todos os dias, no fundo de sua mente, ela se preocupava com a possibilidade de uma doença ocorrer de uma ou de outra forma.

Ela não voava para não ter enjôos (muito embora pudesse ter passagens gratuitas para qualquer parte do mundo). Era casada, mas não tinha filhos porque temia os enjôos matinais. Só ia a certos restaurantes e só comia certos pratos.

Seu problema começou quando ela era garotinha. Quando tinha 7 anos, estava numa reunião na escola e seu lanche estragou. Ela vomitou no seu uniforme e no da garota que estava perto dela. As outras garotas riram e caçoaram dela por alguns dias depois disso.

Ela disse para si mesma: "Eu preferia morrer a ter de passar por isso de novo; nunca mais terei enjôos."

"Isabel", perguntei, "você tinha 7 anos quando esse incidente tão desconcertante aconteceu. Que idade você tem agora?"

"40."

"Quantas vezes teve enjôos desde esse episódio na escola?"

"Nenhuma."

"Bem, uma vez que você não tem tido enjôos nos últimos 33 anos, você deve estar se sentindo mais à vontade com relação a isso."

"Não muito; na verdade chega a ser o oposto. Estou com mais medo ainda, uma vez que é estatisticamente mais provável que eu venha a ter agora os enjôos que não tenho há tanto tempo!"

O medo de Isabel estava tão entranhado em seu estilo de vida, no seu modo de pensar e na sua atitude, que ela interpretava qualquer evidência de modo a reforçar seus medos.

Ela veio me ver duas vezes e depois não apareceu mais. Sua condição fazia tanto parte dela que ela desenvolveu um medo de como podia ser a vida sem o seu medo. Ela não estava preparada para assumir riscos. Ela pode bem ter estado dizendo para si mesma: "Melhor o diabo que você conhece do que a pessoa que você não conhece."

Aquela insidiosa palavra "difícil"

Muitas pessoas confundem desculpas com motivos (veja Capítulo 9, Os múltiplos níveis da mente). Elas dão uma explicação sobre por que não conseguem fazer alguma coisa acreditando ter aí uma razão. Freqüentemente não há base para fazê-lo — é realmente uma desculpa dissimulada.

Volta e meia ouço a frase "é difícil" nesse contexto. É apresentada como razão para não fazer nada.

No final de cada consulta, geralmente sugiro tarefas que visem explorar a teoria que discutimos. Essas tarefas devem ser executadas durante a semana e o cliente concorda em fazê-las para aprender com a experiência (o meio mais eficaz de aprender).

A sessão seguinte costuma ser assim:

"Como foram as coisas que discutimos na semana passada?"

"Bem, eu tentei, mas foi difícil."

"Difícil?"

"Sim, um pouco difícil."

"E você esperava que fosse fácil?"

"Não, não é bem assim."

"Bem, o que você quer dizer com 'foi difícil'?

Posso supor que por 'difícil' você queira dizer que não consegue fazê-las?"

"Bem, não exatamente. Não que eu *não consiga*, mas acho muito difícil."

"Todo aprendizado que você algum dia fez foi difícil. Foi difícil aprender a fazer o laço em seus sapatos, a aprender as tabelas de multiplicação na escola, a andar de bicicleta, mas você conseguiu fazer tudo isso."

"Sim, mas era diferente"

"Por que era diferente? Se eu lhe perguntasse o mesmo quando você estava aprendendo as tabelas de multiplicação na escola, imagino que você da mesma forma teria dito que elas eram muito difíceis."

"Sim, sei o que você quer dizer."

O que está acontecendo é que, uma vez que a mudança parece estranha, o cliente começa a ladainha para convencer-se de que é incapaz de mudar. A ladainha consiste em dizer que "é muito difícil" e implica que "por isso não posso fazê-lo".

AVALIAÇÃO DA CONFIANÇA   129

Por alguma estranha razão, o mecanismo antimudanças da mente faz qualquer coisa para manter o *status quo*. Dizer para si que alguma coisa é difícil é igual a não dizer nada. Todos sabemos que a maior parte das coisas na vida é difícil, mas isso não nos impede de agir.

Nós seguimos as palavras que dizemos para nós mesmos, e é por isso que melhorando as palavras estaremos melhorando também a direção para a qual seguimos.

Em vez de dizer para nós mesmos "isso vai ser difícil", mudemos a frase para "isso é um desafio, e eu me pergunto como irei responder a esse desafio". Outra atitude é "o que posso aprender dessa experiência?"

Ambas as frases desbloqueiam o processo causado por dizer que "é muito difícil", o que está associado a um comportamento de fuga (ver Capítulo 10, "Mecanismos que (des?)governam nossas vidas"). Dizendo que "é muito difícil" nós ficamos onde estamos, não assumimos riscos, não aprendemos nada de novo e não expandimos nossa zona de conforto.

Ser institucionalizado limita a mudança

Na Indonésia, alguns anos atrás, havia muitos presos políticos, que já estavam encarcerados há 12 anos. Em comemoração ao seu aniversário, o presidente concedeu uma anistia, e mil prisioneiros foram libertados. Num período de seis meses, seiscentos deles voltaram voluntariamente para a prisão.

Essas pessoas tinham se tornado institucionalizadas. Estiveram na prisão por tanto tempo que ela se tornara a casa, o lugar seguro delas. Não conseguiam lidar com a mudança de viver no mundo exterior com todo o progresso que havia ocorrido durante o seu tempo na prisão.

Também nós ficamos institucionalizados em nossos hábitos, ambientes e situações, ainda que não reconheçamos conscientemente que essas forças estão agindo para evitar mudanças.

Olhar para os padrões que seguimos permite que reconheçamos as forças que estão nos mantendo onde estamos. Quando questionamos coisas que temos por presumidas, estamos abrindo algumas das travas de nossa instituição. Padrões de hábito não gostam de escrutínios cuidadosos, pois eles minam nossa força, deixam-nos livres para escolher.

A piada a seguir é uma grande metáfora de nossa teimosia em ignorar a evidência se ela estiver em conflito com nossas opiniões.

Uma mulher estava andando pela rua, quando abordou um homem que vinha no sentido contrário. "Ora, John, não o vejo há anos. Mas como você mudou. Você perdeu bastante peso, e o cabelo, de preto passou para louro."

O homem respondeu: "Eu não sou John, sou Peter."

"Ah! Mudou o nome também!"

O primeiro passo em direção à mudança é mudar a palavra. Em vez de usar "mudança" use "aperfeiçoamento". Isso faz uma grande diferença para os mecanismos mentais internos envolvidos. É menos ameaçador, mais positivo e mais estimulante.

Quando você se decidir pelo aperfeiçoamento, lembre-se das abelhas. Aperfeiçoar padrões e assumir riscos consome tempo. Incrementos lentos permitem uma adaptação dentro de todos os sistemas complexos que estão constituindo "você". Lembre-se de que há partes em que isso requer tempo e auxílio para o processo de aperfeiçoamento. A adaptação aos aperfeiçoamentos ocorrerá quando você se respeitar a si mesmo e movimentar-se um pouco por vez. Qualquer viagem, por longa que seja, só ocorre com um passo de cada vez. Permita que suas capacidades de navegação se acostumem à confusão que é uma parte essencial do progresso.

> *Deus conceda-me a serenidade para aceitar as coisas*
> *que eu não puder mudar,*
> *Coragem para mudar as coisas que eu puder mudar,*
> *E sabedoria para conhecer a diferença.*
>
> ALCOÓLICOS ANÔNIMOS

Ativadores da confiança

• Uma zona de conforto é o termo usado para descrever nosso comportamento. Ele significa que há um limite para o nosso modo de agir que é causado pelo medo. Pessoas confiantes têm zonas de conforto maiores do que aquelas com menor grau de autoconfiança (ver Capítulo 21, Como enfrentar o medo). Algumas pessoas precisam sentar próximas do corredor num teatro ou cinema porque ficarão muito nervosas se tiverem de pedir licença, já outras acham difícil enfrentar pessoas autoritárias. Pense nas áreas de sua vida em que você tenha consciência dos limites de sua zona de conforto. Você usa a palavra "difícil" para se manter em sua zona de conforto?

• Sair de sua zona de conforto pode fazer com que você se sinta desconfortável, confuso ou temeroso. Existe alguma área da sua vida em que você esteja preparado para vivenciar esses sentimentos com a finalidade de expandir sua zona de conforto? Comprometa-se a pôr isso em prática, incluindo um espaço de tempo no qual deverá fazê-lo. Agradeça-se pelo esforço realizado, independentemente do resultado.

SEÇÃO TRÊS

Causas da Diminuição da Confiança

15

Conhecer e "conhecer?"

Existem coisas que conhecemos *de fato*.

Se me perguntassem, "o seu nome é Brian?", eu diria "sim, eu sei que é". Eu estaria disposto a apostar mil libras nisso, amparado pela evidência da minha certidão de nascimento. Posso estar errado e perder meu dinheiro, caso a certidão seja falsa ou eu tenha sido adotado, mas a minha *sensação* seria a de *certeza*.

Por outro lado, se me perguntarem onde passei o Natal quando tinha 16 anos (há *muito* tempo), posso dizer que sei, mas seria um conhecimento completamente diferente do acima referido. Seria mais um "acho que sei" associado à falta de certeza, à dúvida.

A confiança está na primeira categoria de conhecimento. Está em nossas profundezas e não é associada a dúvidas.

Somos controlados por três sistemas: pensamentos consciente, influência inconsciente, sensações ou sentimentos.

Pensamentos conscientes

Os pensamentos que estão em nossa consciência podem ser tidos como provenientes da parte consciente da nossa mente. Eles têm qualidades lógicas, analíticas, fazem sentido e parecem estar sob nosso controle. "Eu gostaria de ir à praia hoje" é um pensamento que faz sentido, é adequado e ajusta-se a nossas atitudes e desejos.

Influência inconsciente

Um exemplo extremo é o quadro de distúrbio compulsivo obsessivo em que a pessoa é forçada por pensamentos que estão para além de seu controle a executar ações repetitivas.

A origem desses pensamentos é diferente da dos conscientemente desejados; eles não são bem-vindos e também parecem vir de "alguma outra parte" da mente.

Exemplos menos extremos vêm com as fobias "sei (conscientemente) que é estúpido, mas penso/sinto (inconscientemente) que o avião sofrerá um acidente se eu viajar nele". Esses pensamentos são irritantes e destrutivos e ocorrem como se um computador tivesse sido programado no passado e continuasse a seguir o programa original, ainda que este pudesse estar desatualizado.

Sentimentos/sensações

Representam um fator principal no modo como conduzimos nossas vidas. Geralmente são mais intensos e influenciam-nos mais do que pensamentos.

Trabalham num sistema completamente diferente do conhecimento intelectual, e se há uma discrepância entre um e outro são os sentimentos que geralmente vencem.

Os sentimentos ocorrem em regiões diferentes do corpo – cabeça, peito, abdome e são interpretados pela mente como tendo certo significado.

Sentimentos fortes são difíceis de eliminar, muito embora nos conduzam numa direção oposta à de nossos desejos. Têm "eles próprios uma mente que é sua", e razões que escapam ao cérebro lógico.

"Eu estava indo tão bem em minha dieta, já havia perdido mais de seis quilos, quando fui tomada por aquele sentimento irresistível que me fez comer bolos de creme e ganhar todo esse peso de volta."

Quando você "conhece" alguma coisa, os três componentes estão em harmonia, concordância e uníssono. Você conhece tudo o que há em você, e aí não entram dúvidas nem perguntas.

A confiança é tudo isso. Você pode não ser capaz de responder perguntas intelectuais sobre como ou por que você é confiante, mas você sabe que você é, com seus pensamentos conscientes, influência e sentimentos inconscientes.

Les foi convidado para passar um fim de semana com amigos no campo. Ele está confiante com relação a isso, e espera passar momentos agradáveis. Ele conhece algumas pessoas que estarão lá e não vê a hora de poder deixar a cidade.

Theo foi convidado para ficar na mesma casa naquele mesmo fim de semana, mas não está muito confiante. Seus pensamentos conscientes estão lhe dizendo que será ótimo, uma vez que ele já esteve lá antes e passou momentos maravilhosos. Contudo, sua influência inconsciente em forma de conversa íntima negativa sugere-lhe coisas que possam dar errado, e ele sente medo bem na boca do estômago.

Enquanto que em Les os três componentes estão em harmonia, em Theo há um conflito a causar-lhe a falta de confiança.

Uma informação adicional pode mudar o "conhecer?" em conhecer. Ela pode afetar um dos três componentes.

Theo pode vir a saber que um amigo íntimo seu decidiu de última hora ir com eles para o campo. Esse conhecimento o ajuda a se sentir melhor, pois sabe que ele e o amigo se dão muito bem juntos. As sensações de medo em seu estômago diminuem, e estabelece-se uma harmonia entre os três componentes. Dessa forma, sua confiança melhora.

Uma *influência inconsciente* pode atrapalhar a harmonia dos três componentes.

Giselle, 50 anos, casada, um filho. Tem medo de ir a supermercados e entrou em pânico em diversas ocasiões.

A mãe de Giselle era uma mulher ansiosa que havia sido hospitalizada em três ocasiões por "colapsos nervosos". Estava sob efeito de antidepressivos desde que Giselle era pequena.

Uma das mensagens que Giselle recebeu em sua formação foi a de que o mundo era um lugar perigoso. Essa mensagem permaneceu em seu inconsciente, embora *conscientemente* ela soubesse que estava relativamente segura com a vida que levava.

Em certo estágio de sua terapia fizemos uso da hipnose, e enquanto ela estava em transe perguntei a seu inconsciente que idade ele pensava que Giselle tivesse.

"Acho que ela tem 7", do transe veio a voz inconsciente de Giselle.

Parte do inconsciente de Giselle estancou em seus 7 anos de idade, período em que sua mãe estava no hospital. Pelos 43 anos seguintes isso dirigiria sua vida como se ela tivesse 7 anos. Não é de estranhar que ela tivesse medo de ir a supermercados.

Nossa tarefa foi ajudar Giselle a integrar seu inconsciente de 7 anos de idade ao seu consciente de 50. Dessa forma, seríamos capazes de unir os três componentes para que eles atuassem de acordo com seus 50 anos.

O componente da *sensação* desempenha um papel importante no modo como lidamos com o mundo. As emoções são muito poderosas e geralmente rejeitam o pensamento lógico e racional.

"Sei que os ratos são inofensivos (lógica), mas quando vejo um deles entro em pânico, grito e corro para fora da sala (emoção)."

Muitas de nossas sensações são congruentes, apropriadas e atualizadas. Fornecem informação extra. Quando as sensações são inadequadas ou incorretas, elas alteram a harmonia dos três componentes e reduzem a nossa confiança.

Algumas sensações dão-nos informações *erradas*. Chamo essas sensações de "membros fantasmas". Pessoas que tiveram um membro amputado por vezes sentem dores no membro que não está lá. Sabem que não têm uma perna, mas as *sensações* lhes dizem que há uma dor nessa perna.

A maior parte das pessoas que buscam ajuda em terapia fazem-no por causa de dificuldades com seus *sentimentos* ou *sensações*.

"Doutor, estou deprimida, ansiosa, sinto-me culpada, com medo, com raiva, desamparada etc."

Muitas vezes esses sentimentos se tornam exagerados, distorcidos, inadequados ou desatualizados.

James tinha um medo que dominava sua vida e que, para a maior parte de nós, seria um problema trivial, mas para James era um grande problema.

Ele ficava apavorado por ter de falar em público. Só de pensar nisso, seu estômago se contorcia. Ele evitava falar em público a todo custo. Recusou-se a ser padrinho no casamento de seu amigo. Não deu uma festa pelos seus 21 anos e desculpou-se por evitar batizar seu afilhado.

Ele sabia que isso era logicamente ridículo, mas suas sensações dominavam as decisões com relação a esse assunto.

Em outras áreas de sua vida ele ia muito bem, mas foram aparecendo uma série de compromissos para o ano seguinte, e ele não poderia evitar de falar em público.

Então visitou-me.

James e eu, juntos, levamos muitos meses para vencer seus medos. Usamos hipnose, relaxamento, falar diante de um espelho, gravar fitas, fazer um curso para falar em público, explorando a sensação e pondo-a em perspectiva.

Finalmente ele conseguiu dar suas palestras. Não gostou e ficou nervoso, mas percebeu que podia fazê-lo e que seria capaz de enfrentar quaisquer palestras no futuro.

De que forma chegamos à harmonia entre os três componentes — pensamentos conscientes, influência e sentimentos/sensações inconscientes?

O primeiro passo é estar *consciente* de quais dentre esses componentes o está influenciando, estar consciente de ter o "conhecer" que significa "tudo em que você acredita" em sua atitude.

Se estiver em conflito, você terá consciência daquela parte sua que está em desacordo com o resto. Ela não *parecerá* bem e você notará hesitação ou falta de entusiasmo no que estiver fazendo.

O esforço atual de ter consciência dos três componentes dá início ao processo de harmonia. É como se você estivesse possibilitando uma conferência de paz entre os três para decidir o que é mais apropriado.

Quando você tem aquela sensação de "ah... como é que eu não tinha pensado nisso antes?" ou "eu nunca tinha visto isso dessa forma antes", você sabe que houve um "clique" no lugar certo e que os três componentes estão desenvolvendo uma perspectiva parecida.

Sendo consciente de seus pensamentos, a influência e os sentimentos/sensações inconscientes podem ser mais bem obtidos mantendo-se uma atitude aberta e de aceitação, sem seguir padrões repetitivos, e dando a si mesmo tranqüilidade para avaliar suas atitudes sem as julgar.

Ouvir de mente aberta opiniões de outras pessoas também ajuda, à medida que isso lhe permite respeitar suas próprias opiniões, acrescentando a elas novas informações.

Comece ocupando-se de uma atitude particularmente sua perante determinado assunto. Pergunte-se "quais influências inconscientes estarão envolvidas, que pensamentos tenho e como os sinto?" Isso dará início a um processo de integração e equilíbrio dentro de você.

Quando a sua convicção de uma verdade não está meramente em seu cérebro, mas em seu ser, você pode corroborar seu significado.

Sri Yukteswar
Guru Indiano

Ativadores da confiança

- O conhecimento de alguma coisa é constituído de três componentes:
  - conhecimento consciente
  - influência inconsciente
  - sentimentos/sensações
  Pense num tema que você sinta que realmente conhece e compreende — talvez um amigo íntimo ou parente, talvez algum aspecto de seu trabalho, talvez um relacionamento. Avalie qual o papel dos três componentes em seu conhecimento.
- Escolha alguma coisa de que você não tenha certeza e analise qual dos três componentes está faltando.
- Freqüentemente fazemos coisas que não queremos, atribuindo-as ao hábito ou ao "não-pensar". Verifique qual dos três componentes listados acima estaria desempenhando um papel preponderante naquela ação. Fazendo isso você aprende a ter consciência das influências sobre sua atitude e seu comportamento.
- A influência mais importante no nosso comportamento são nossas emoções.
  Como regra, elas prevalecem sobre os pensamentos e muitas vezes não são acessíveis à razão. Pense em alguma situação em que você se deixe influenciar por emoções da seguinte forma:
  - ative sua confiança
  - diminua sua confiança
- Uma vez que as emoções desempenham um papel preponderante na nossa vida, pense em:
  - emoções apropriadas que estão ajudando você a atingir seus objetivos e
  - emoções inadequadas que o estão desviando de seus objetivos.

16

Informação errada

Nossa confiança depende inteiramente da informação que recebemos e do modo como a processamos.

Na maior parte das 24 horas do dia, recebemos informações do exterior ou de nosso inconsciente. Os sonhos passam informações de forma simbólica enquanto dormimos.

Grande parte dessas informações é incorreta, chamando-se *informação errada*, e pode ser factualmente incorreta ou ter uma verdade apenas parcial. A moderna cobertura noticiosa depende de "*bites* sonoros", pequenas parcelas de informação que têm o objetivo de resumir a imagem total. Mas esse resumo, devido à sua brevidade, distorce a verdade.

Um fragmento de informação *realmente* exato é o de que a "vida não é simples". Reduzir problemas complexos a um *bite* sonoro de trinta segundos significa que estamos recebendo uma informação errada.

Quando crianças recebemos mensagens de nossos pais por toda uma diversidade de caminhos. Temos consciência de algumas delas, porém outras furtam-se sorrateiras a nossas guardas conscientes. A linguagem do corpo, a inferência, o modelo de comportamento, observações sutis, as ações bem como a palavra falada vão continuamente de encontro ao nosso processo de aprendizado.

CAUSAS DA DIMINUIÇÃO DA CONFIANÇA 143

Não podemos *não* aprender com nossos pais. Nossas próprias crenças ficam pequenas diante das deles, e eles podem bem estar fazendo o que acreditam ser o melhor para nós.

Sendo a confiança construída com base em informações, segue-se que podemos ter dificuldades se recebermos informações erradas durante a infância.

Um amigo meu comprou um carro, modelo Toyota, bastante vistoso. O carro tinha todos os acessórios possíveis, até mesmo um aparelho de TV no painel. Além de receber os canais da TV normal ele trazia um indicador de trânsito computadorizado ligado a um satélite.

Esse indicador mostrava onde estavam os engarrafamentos. O único problema era que o satélite ainda estava voltado para Tóquio, de forma que andando por Knightsbridge ele podia evitar problemas que ocorriam no coração de Tóquio.

Isso se parece com as informações erradas que recebemos na infância. A informação de nossos pais podem bem estar corretas para *eles*, sem que sejam necessariamente certas para *nós*. Muitas vezes é preciso toda uma vida para descobrir a diferença.

As informações de nossos pais podem bem estar corretas para eles, sem que o estejam para nós. Muitas vezes levamos muito tempo para descobrir a diferença.

Estudei medicina antes de me tornar um "ouvidor" dos problemas das pessoas. O conceito clínico básico é o de que o paciente está doente e o médico o trata. Já o consultor atua como guia para ajudar o cliente a aprender consigo mesmo. São atitudes muito diferentes, e tive de desaprender muito de meu treinamento médico para me tornar um consultor.

Para crescer e ganhar confiança precisamos desaprender regras que não nos são adequadas. Podem ter funcionado bem com nossos pais, e talvez também eles tenham herdado regras inadequadas dos seus. Qualquer que seja o caso, é nossa responsabilidade avaliar a informação que servirá de base para nossas atitudes e verificar se ela é adequada a nós como indivíduos que somos.

Modelos de papéis, sobretudo os de nossos pais, exercem um efeito decisivo em nossos sistemas de crenças. Em todos os níveis mentais, imitamos o comportamento por nós observado, ainda que não concordemos com ele. Uma criança acredita que o que acontece em sua casa seja a norma, e só conseguirá ficar mais velha.

Pode parecer irônico, mas, infelizmente, pais cujas vidas estão longe de ser satisfatórias muitas vezes impõem seus valores aos filhos. Estão sempre lhes dizendo a como conduzir suas vidas, muito embora esteja evidente que a situação em que se encontram não lhes permite aconselhar.

Muitas vezes recebemos informações que *sabemos* não serem apropriadas para nós, mas aceitamo-las por não termos um mecanismo de proteção.

Filhos de pais que estão sempre brigando introjetam mensagens negativas em todos os níveis. Isso é desagradável e assustador, e as mensagens recebidas continuam a influenciá-los durante anos.

A informação introjetada é armazenada e age como se os pais, brigando, vivessem no fundo de sua mente. A conversa íntima interna será parecida com as palavras ouvidas há anos. Os filhos criticam-se tal como seus pais o faziam.

Para avaliar as informações que recebemos, dos outros ou de nosso próprio conselho interior, precisamos nos fazer as seguintes perguntas:

1. A informação é exata?
2. "De onde vem" o informante?
3. A informação é relevante, adequada e útil para o momento presente?

A informação é exata?

É muito freqüente que aquilo que nós aceitamos como exato acabe se revelando incorreto. Trazemos conosco muitos fragmentos de informações que não resistem à voragem do tempo. Muitos fatos inexatos são-nos despejados por jornais, amigos e por nós mesmos, sem que tenhamos tempo de investigá-los e checar sua validade.

"De onde vem" o informante?

Se alguém o aconselhasse a comprar um automóvel Nissan, sua reação seria diferente caso essa pessoa fosse:

- um vendedor da Nissan.
- alguém que tenha adquirido um Nissan e esteja querendo vendê-lo.
- um amigo que tenha comprado um Nissan e esteja satisfeito com ele.

A informação poderá ser a mesma, mas nossa resposta terá variações dependendo "de onde a pessoa vem". O mesmo se passa com as informações que recebemos de nossos pais ou de nosso inconsciente. Se nossos pais fossem alcoólatras, não acataríamos o conselho que nos dessem enquanto embriagados. Questionar a região de nossa mente que cria a conversa íntima nos faz encontrar "de onde ela vem" e o valor que damos a seu conselho.

Julia tinha problemas com esquiar. Alturas e teleféricos a aterrorizavam. Seu medo chegava a atrapalhar as férias com a família. Quando iam a uma estação de esqui, ou ela ficava no chalé ou então, quando saía para esquiar, ficava com medo o tempo todo.

Os pais de Julia acreditavam que forçar os filhos a fazer as coisas era o melhor meio de educá-los. Ela esquiava desde muito jovem e não gostava, mas não tinha escolha. Seus fins de semana com os esquis eram acontecimentos deploráveis — em que ela tentava acompanhar os outros, caindo, resfriando-se e chorando muito.

Algumas dessas lembranças permaneciam ativas em sua mente, e ela não parava de receber informações erradas tão logo tivesse agendado um fim de semana numa estação.

Eu e Julia passamos muito tempo aprendendo quem na sua mente estaria lhe passando as mensagens que a amedrontavam. Percebeu ser a criança que ela tinha dentro de si, a mesma que havia passado por momentos desagradáveis nas estações de esqui.

Discutimos se "o lugar de onde ela vinha" seria apropriado para os atuais fins de semana, e ela percebeu que não. Passou algum tempo acrescentando informações novas e mais adequadas a diferentes níveis de sua mente, a fim de construir sua coragem. Fez planos específicos para o fim de semana seguinte e conseguiu pô-los em prática. Júlia efetivamente substituiu seu conselheiro infantil por um adulto.

A informação é relevante, adequada e útil para o momento presente?

Muitas vezes, as informações que trazemos conosco *foram* adequadas, mas deixaram de sê-lo. Atitudes, comportamentos e crenças da infância *foram* relevantes para aquele tempo. Agindo como crianças (muitos o fazem) deixou de ser adequado para o mundo adulto.

Como adultos, uma diferença primordial está em que precisamos *assumir a responsabilidade* por nossos atos e atitudes. Na infância isso ocorre num grau bem menor.

Nossas atitudes e comportamento sempre resultam em algo. Uma vez que há muitos resultados criados por nossas informações internas, importa verificar quais dentre eles são adequados, úteis e atualizados.

CAUSAS DA DIMINUIÇÃO DA CONFIANÇA

O casamento de Lucy estava fracassando. Ela era infeliz com seu marido e com sua atitude em relação a ela. Ele sempre a tinha à disposição, e ela sentia a vida lhe escapar, muito embora estivesse casada há apenas 18 meses.

Discutindo suas atitudes e crenças, ficou óbvio que o casamento de Lucy estava assentado em informações erradas. Sua mãe havia sido escrava de seu pai e estava sempre dando a Lucy a mensagem — verbalmente ou de outra forma — segundo a qual, a não ser que você cuide de "seu homem" o tempo todo, ele irá embora.

Lucy trouxe essa máxima para seu casamento, e os resultados foram desastrosos. Ela permitiu que seu marido "deitasse e rolasse", e não tinha nenhuma voz ativa no comando da casa.

Durante nossas sessões, ficou evidente para Lucy que as mensagens que ela emitia para si mesma não eram relevantes, nem adequadas, tampouco úteis. Lucy percebeu o quanto sua mãe a influenciara e que ela própria continuara a seguir mais a mãe do que a si mesma.

Durante certo tempo ela pôs em prática atitudes e comportamentos mais adequados às suas necessidades. Não foi fácil, já que seu marido estava acostumado a um padrão pelo qual Lucy fazia o que ele mandava. Ele não ficou feliz quando ela se tornou mais afirmativa, mas seu casamento foi forte o bastante para que eles ficassem juntos e constituíssem um novo relacionamento.

É importante verificar a informação que possa influenciar seu comportamento. O simples fato de estar registrada não a torna verdadeira. Grande parte dos aconselhamentos são informações erradas, pois conselhos nos vêm de todos os lados.

Muitas vezes ouço conversas em que uma pessoa dá conselho a outra. Esse conselho já é conhecido de quem o recebe.

"Joan, você parece muito cansada. Acho que você deveria parar de trabalhar."

Mas Joan já conhece a possibilidade de parar de trabalhar. Não é uma *informação nova*, e por isso, na minha opinião, é de pouco valor.

"Vejo que você decidiu ir para a Itália e não para a Grécia. Se eu fosse você iria para a Grécia, que é muito mais bonita."

A pessoa que tomou a decisão de ir à Itália já sabia que era possível ir à Grécia, mas por motivos particulares decidiu ir à Itália. Um comentário como "Se eu fosse você..." não ajuda muito porque eu não sou você, e a pessoa que decidiu ir à Itália o fez por razões que só ela conhece.

O conselho que acho útil é "não dê conselhos a não ser que você esteja acrescentando alguma informação nova". Isso se aplica às relações que você tenha com outras pessoas, consigo próprio, e vale também para o consultor/terapeuta.

É difícil dar um consentimento balizado a não ser que estejamos informados com exatidão.

Ativadores da confiança

- Estamos sempre recebendo informações. Algumas vêm de fora — de noticiários, amigos, livros etc. Outra informação é a que damos a nós mesmos. Muitas vezes, os fatos que recebemos carecem de substância e correção — são informações erradas. Pense nos fatos que você recebe e avalie se são exatos ou não.

- É importante notar de onde vem a pessoa que fornece a informação. Por exemplo, um político pode estar apoiando um partido político e dando o seu viés aos fatos para corroborar sua atitude.

    Pense nos fatos e nas opiniões que você recebeu nas últimas 24 horas, centrando-se em *quem* forneceu esses fatos e pensando se isso influenciaria o modo como você recebeu a informação.

- Estamos sempre dizendo coisas para nós mesmos — sobre nós ou sobre outras pessoas que conhecemos. Desse diálogo tiramos conclusões que afetam nossas atitudes e comportamento. Pense em algumas das coisas que você diz para si e avalie se sua informação é exata ou se não entra na categoria "informação errada", como falsa ou desatualizada.

17

Simplesmente, não consigo dizer "não"

Há muita propaganda em torno da censura de palavras obscenas na mídia impressa e na TV. Mas por acaso existe alguma propaganda de indivíduos que se forçam a censurar uma palavra de três letras chamada "não"?

Algumas pessoas simplesmente não conseguem dizer "não". Na verdade, basta pensar em dizer "não" que elas sentem o estômago dar voltas. Suas cordas vocais não sabem como enunciar essas três letras.

Surpreende a dificuldade dessas pessoas em dizer "não", mas o que não surpreende são as dificuldades que decorrem desse problema.

Quem não consegue dizer "não" perde o controle de sua vida, torna-se vítima, à mercê das solicitações de qualquer pessoa que decida lhe pedir um favor. As outras pessoas reconhecem essa incapacidade e tiram proveito dela.

A "personalidade de vítima" é o nome dado às pessoas incapazes de dizer "não". Elas se sentem como se não tivessem poder, como se não tivessem valor, não querem desapontar ninguém e, acima de tudo, precisam de que gostem delas.

150 A CONFIANÇA DE SER VOCÊ MESMO

A seqüência de acontecimentos que causam esse impedimento pode ser a seguinte:

1. Elas aprendem (incorretamente) que não são pessoas legais, que não possuem valor, que não são agradáveis.
2. Desenvolvendo uma opinião inferior de si mesmas, precisam do amor dos outros para sobreviver.
3. Percebem que ao dizer "não" correm o risco de não ser queridas pelos outros.
4. Não ser queridas é para elas o pior dos sentimentos.
5. Concluem que têm de dizer "sim" todas as vezes.

Suas vidas sofrem sobressaltos e voltam-se para todas as direções, exceto a de sua escolha. Como um barco sem leme deixam-se levar de um lado para outro, ao sabor das solicitações dos outros.

A capacidade de dizer "sim" ou "não" fornece o leme necessário para dirigir nossas vidas de acordo com nossa vontade. Funciona como um guia a nos conduzir pelas águas turbulentas da experiência. Ter unicamente o "sim" à disposição significa que o leme pode ser movido numa única direção — o que nos faz rodar em círculos.

O problema das pessoas que não conseguem dizer "não" é *que elas precisam de que gostem delas*. A baixa auto-estima lhes tira a energia que poderiam dar a si mesmas, e por isso é imperativo que sejam amadas pelos outros.

Acreditam que se sempre disserem "sim" as pessoas gostarão delas, e isso é essencial para a sua sobrevivência. São capazes de extremos para agradar os outros, muitas vezes desagradando-se a si mesmas durante o processo. O triste em tudo isso é que a companhia dessas pessoas em geral não é muito divertida, pois elas pagaram com sua personalidade o preço de serem queridas. Ao tentar agradar todo mundo a todo tempo, o resultado final costuma ser desagradável para a maioria das pessoas, e portanto não se chega ao resultado desejado.

O telefone é muitas vezes o veículo causador de problemas. Alguém liga e pede a essas pessoas que façam alguma coisa (que elas não querem) e elas não conseguem se recusar. Depois de concordar, desli-

CAUSAS DA DIMINUIÇÃO DA CONFIANÇA 151

gam o telefone com um suspiro, deixando-se mais uma vez desviar, contra a vontade, do seu rumo de vida.

Uma sugestão útil para esse problema é aplicar uma lavagem cerebral em si mesmo, respondendo como um papagaio. Essa resposta precisa vir como um reflexo, e por isso ela requer muitas repetições para substituir a fita do "sim" que toca continuamente em sua cabeça.

A frase substitutiva é *"direi para você depois"*. Isso lhe dá tempo para, após ter desligado, reunir forças e informações e ser capaz de retornar a ligação, no dia seguinte, já prevenido com uma razão que justificará sua impossibilidade de fazer o que lhe foi pedido.

Outras alternativas são "não estou com minha agenda em mãos — depois digo para você se posso" ou "tenho de perguntar à minha esposa e depois lhe darei uma resposta".

É preciso reconhecer que somos importantes para nós mesmos, que nos importamos quando se trata de tomar uma decisão e precisamos pôr a nós mesmos na equação.

Dizendo "sim" para você, posso muito bem estar dizendo "não" para mim mesmo e, sendo eu importante para mim, estarei negando a mim mesmo.

> Sue estava mesmo precisando de um tempo para relaxar. Estava cansada e trabalhando muito, mas sentia que as necessidades de David, seu companheiro, tinham mais valor do que as suas próprias.
>
> "Dave, eu gostaria muito de ter uma boa noite de sono, estou muito cansada."
>
> "Não, Sue, você não pode. Acho que sair e jantar fora esta noite lhe fará bem."
>
> "Mas Dave, nós já saímos três vezes esta semana."
>
> "Tenho certeza de que você vai gostar desse restaurante que eu escolhi."
>
> "É acho que sim. Espere um pouco que eu vou me aprontar."
>
> Dizendo "sim" a Dave, Sue estava dizendo "não" a si mesma.
>
> Ela não estava dando o melhor para si e, assim, durante algum tempo ela também não estaria dando o melhor de si para Dave.

É importante se pôr em primeiro lugar ao negociar o tempo de que você dispõe para a família. Levando em conta o seu próprio bem, como o valor de suas necessidades, você será então capaz de usar esse valor nas relações com os outros.

Muitas vezes, a pessoa que tem dificuldades em se afirmar é muito sensível a sentimentos — *o imaginado sentimento dos outros*. Está voltada para as necessidades das outras pessoas e perde de vista as suas próprias. Dizendo "sim" para os outros ela diz "não" para si mesma. Mas, na verdade, para si mesma ela é mais importante do que eles.

Isso pode parecer egoísmo ou falta de consideração para com os outros, o que não deixa de ser verdade. É importante chegar a um equilíbrio — um equilíbrio em que estejamos pensando nas necessidades alheias e também nas nossas. Dizer sempre "não" a si mesmo é um meio seguro de reduzir a sua confiança.

Quando solicitado a fazer alguma coisa, sua conversa íntima é: "Ela ficará muito magoada se eu disser não. É melhor fazê-lo, uma vez que não dará *mesmo* muito trabalho para mim."

A premissa de que a outra pessoa ficará magoada não se baseia em nenhuma evidência factual. Tem como base antenas extra-sensíveis voltadas para os sentimentos alheios, na crença de que os sentimentos das outras pessoas são mais importantes do que os meus. Eu posso lidar com as dificuldades e eles não.

Tudo isso é pura hipótese. Em geral não sabemos como as pessoas se sentem, a não ser que elas o digam. Podemos usar a nossa intuição para adivinhar e observar a linguagem do corpo, mas se perguntarmos podemos não receber uma resposta exata.

As pessoas "do sim" estão sempre se envolvendo com outras que reconhecem a sua deficiência. Ligam-se a fanfarrões que se aproveitam de sua incapacidade de dizer "não".

Patricia parecia cansada e desmazelada. Ela estava sempre correndo, atrasada para seus compromissos e nunca tinha tempo para si mesma.

Algumas vezes chegou a dormir durante nossas sessões, como se fosse aquela a única hora na semana que ela dedicava exclusivamente para si mesma.

CAUSAS DA DIMINUIÇÃO DA CONFIANÇA

Era casada e tinha quatro filhos. Seu marido era um homem de negócios que recebia em casa os clientes. Patricia estava sempre fazendo coisas para todo mundo.

Ela veio até mim em busca de ajuda para as suas dores de cabeça. Depois de ouvir sua história, perguntei a ela sobre o tempo que dava para si mesma.

Ela deu-me um sorriso triste. "Quem me dera. Há tanto que fazer com as crianças, para a casa e para meu marido. Eu gostaria de sentar um pouco e ouvir música. Eu costumava tocar piano antes de casar. Hoje o nosso piano está coberto por uma camada de pó."

"Você tem alguma ajuda em casa?" inquiri.

"Sim, mas as empregadas parecem dar tanto trabalho quanto as crianças. Também tenho de ir sempre atrás do que elas precisam."

"E quanto a seu marido?"

"Ele é ótimo, mas está sempre tão ocupado. E quando não está trabalhando, está jogando golfe ou bebendo com seus amigos de trabalho."

"Bem, eu acho que as dores de cabeça estão tentando lhe dizer alguma coisa. Você adivinha o que pode ser?

Por um instante Patricia olhou fixamente para o espaço à sua frente. E então caiu em prantos.

"Sei o que você está dizendo. Eu gostaria de fazer mais por mim mesma e deixar de ser um capacho. Mas não consigo."

Soluçou um pouco, e depois lentamente enxugou os olhos.

"Não é fácil. Eu tentei ser impositiva, dizer não, fazer o que tinha vontade e sempre dava errado. Disse a ele que não queria ficar a vida inteira fazendo comida para seus clientes, e ele respondeu que nós não teríamos nenhum dinheiro caso eu não continuasse a cozinhar para eles. Não sei o que fazer. Essas dores de cabeça estão me deixando louca, mas não sei o que fazer contra elas."

No decorrer de várias sessões nós conversamos sobre esta terrível palavra "não" e o porquê de Patricia ter tanta dificuldade em dizê-la.

Conversamos sobre seu casamento, sua relação com os filhos, com seus amigos e com as empregadas. Conversamos sobre sua atitude para consigo mesma e sobre como ela tinha aprendido a ter uma opinião tão inferior de si mesma.

Ela praticou o dizer "não" em situações mínimas, como ao fazer compras ou quando seus filhos lhe pediam algo um pouco mais caro.

Foi muito difícil, mas ela percebeu que esse era o único modo de melhorar o seu estilo de vida. Conseguiu dar um tempo para si mesma e recusar algumas solicitações. O modo como se aperfeiçoou lhe permitiu virar o leme de sua vida para mais de uma direção.

É interessante que, no outro lado da *mesma* moeda, estejam aqueles que dizem "não" o tempo todo. Também a essas pessoas falta confiança, e elas usam o "não" como barreira de proteção para defender a fortaleza de sua timidez.

Essas pessoas usam o "não" para evitar mudanças — a mudança é vista como ameaça, como uma possibilidade de fracasso. E o fracasso é a pior coisa que lhes poderia acontecer, pois tornaria manifesta a sua inadequação fundamental. Os problemas surgem porque dizer "não" a riscos é dizer "não" à vida. Ficar atrás da barricada protetora do "não" significa ser incapaz de interagir com os outros, de cometer erros, de aprender.

Para essas pessoas, quaisquer palavras que evitem alguma intervenção e mantenham o *status quo* devem ser usadas. Frases como "sim, mas", "desculpe, mas não posso", "vou pensar", "eu até poderia, mas" já estão todas ensaiadas para o primeiro sinal de se fazer algo novo. Essas pessoas sentem-se seguras por detrás de sua barricada e inseguras ao se aventurar pelo mundo das explorações, dos riscos e do "por que não tentar?".

Dizer "não" aos outros pode bem significar que você está dizendo "sim" para si mesmo.

Ativadores da confiança

- Para as pessoas que não conseguem dizer "não" a vida é muito difícil. Você é uma dessas pessoas? Você usa qualquer meio possível para evitar dizer "não" e isso lhe tem causado problemas?

  Pense em frases que você possa usar, como "direi para você depois", "não estou bem certo agora", "no momento eu preferiria não" — isso lhe dará tempo para respirar e fará com que você evite dizer "sim" todas as vezes.

- Procure perceber que você tem valor, de modo que suas necessidades sejam levadas em consideração sempre que estiver discutindo opções com alguém. Afirmando suas necessidades, é possível negociar um resultado favorável para ambos.

- É possível reprogramar os caminhos neurais em sua mente pela repetição constante. Dizendo repetidamente "não" em voz alta quando estiver sozinho, você estará mudando esses caminhos e tornando o "não" uma palavra mais familiar, que poderá ser usada quando necessário.

18

Pressão de dentro e de fora

Uma das reclamações mais comuns que tenho ouvido é "não consigo lidar com pressão".

A palavra "pressão" pode estar relacionada ao trabalho, à vida doméstica, a não ter dinheiro suficiente, ao que os outros esperam de nós, a ter muito o que fazer etc.

Um conceito que achei muito útil é o de "patrões interiores e exteriores".

Somos guiados principalmente por duas forças:

- As solicitações vindas de dentro — as necessidades do corpo, da mente e da alma.
- As solicitações vindas de fora — trabalho, ter dinheiro suficiente para pagar o aluguel, necessidades das crianças, exigências do companheiro ou companheira etc.

O desequilíbrio é muito freqüente. Obedecemos demais ao patrão exterior e negligenciamos o interior. Isso nos causa problemas, como doenças e falta de energia. Essas condições constituem o problema à medida que exercem uma pressão maior sobre nossa rotina de vida.

CAUSAS DA DIMINUIÇÃO DA CONFIANÇA 157

Creio ser importante reconhecer nosso patrão interior. Ele é menos oral e suas necessidades são menos óbvias do que a do exterior. Freqüentemente ele grita por ajuda, mas não o ouvimos nem o acatamos.

Deborah tinha 20 anos. Estava estudando para os exames de direito, mas só conseguia ficar com o olhar perdido no espaço, sem conseguir apreender nenhuma informação de seus livros jurídicos. Parecia exausta e muito preocupada.

"Se eu não passar, será um problema. Preciso tirar boas notas para poder exercer a prática da advocacia, assim como meu pai. Ele prometeu que eu poderia estagiar em seu escritório."

Deborah fora uma garota brilhante e vivaz, que gostava de esportes e tinha muitos amigos. No último ano ela estivera às voltas com os livros e vinha estudando noite e dia. Negligenciara suas necessidades interiores — seu patrão interior — e voltou-se para a necessidade exterior de passar no exame para poder trabalhar com o pai.

No ano que passara ela acabou perdendo o equilíbrio, e sua mente estava lhe dizendo isso. Estava dizendo "não posso mais", e o fazia do modo mais apropriado.

Deborah precisava afastar-se um pouco de seus livros e entrar em recesso, permitindo que seu corpo recuperasse a energia. A pressão que estava exercendo sobre si mesma era excessiva a ponto de seu corpo não conseguir lidar com ela.

Os exames seriam dali a seis meses, e eu lhe disse que ela precisava ficar três semanas completamente afastada dos livros. Ficava apavorada só de pensar nisso, e disse que provavelmente não conseguiria fazê-lo.

Observei que, se continuasse agindo daquela forma, ela não só não passaria nos exames, mas também acabaria ficando doente. Ela argumentou um pouco e comprometeu-se, semana seguinte, a trabalhar só na parte da manhã, passando as tardes longe de casa e dos livros.

Quando a vi na semana seguinte, Deborah parecia estar um pouco melhor, mas muito preocupada.

"Não posso fazer isso, doutor. Eu fico a tarde inteira preocupada com o trabalho que terei de recuperar. Saio, mas é como se eu não estivesse realmente lá. Tenho problemas para dormir, pois estou sempre preocupada."

Então conversamos sobre um possível horário para seu trabalho e lazer. Um programa que a ajudasse a ver como ela poderia dar conta do trabalho, tendo ao mesmo tempo um período para descansar. Uma amiga advogada concordou em supervisionar o programa, e parecia ter jeito para isso.

Deborah seguiu um plano de trabalho e relaxamento extremamente controlado, supervisionada por sua amiga e por mim mesmo, tendo de fato sobrevivido àqueles seis meses e passado no exame. Respeitando o direito do cliente à privacidade, perguntei a Deborah se eu poderia falar com seu pai. Ela concordou, e então eu sugeri a ele que concedesse a Deborah um final de semana prolongado, para que ela pudesse relaxar antes de começar o ano letivo como estagiária.

Deborah estava se pressionando demais. A pressão era constituída pela necessidade de mostrar ao pai que ela era capaz.

As pessoas não percebem que em geral são elas próprias as responsáveis pelas pressões que sentem. Podem haver fatores externos, que porém se traduzem em "autopressão" para realizar alguma coisa, ter êxito, ganhar respeito etc.

Para alguns, a pressão ativa a confiança e fornece o estímulo para a realização de seu pleno potencial. Para outros, ela tem o efeito contrário.

Uma costureira era famosa pela rapidez e excelência de seu trabalho. Manejava a agulha de forma automática e costurava belos trajes.

Certa vez ela foi convidada para mostrar seus talentos na TV. Sob o brilho dos holofotes, na frente das câmeras e do público, ela não conseguiu sequer enfiar a linha na agulha.

Ela sofria de "ansiedade do desempenho". Não seria de se estranhar! A paz de seu lar contrastava com a pressão de um estúdio de TV.

A ansiedade do desempenho pode ser vista em muitas áreas da nossa vida. A pressão que exercemos sobre nós mesmos é grande a ponto de causar um efeito completamente contrário. Isso ocorre em discursos, apresentações, no sexo, no trabalho, nos esportes, nos exames, bem como em todas as atividades nas quais o resultado seja muito importante. Damos início a uma fita interior: "Tenho de conseguir. Seu eu falhar o resultado será terrível."

A pressão afeta o sistema — qualquer sistema que esteja envolvido — tornando o desempenho muito mais difícil.

Repito que *a pressão vem de dentro de nós*: podemos dizer que "eles estão me forçando", mas na verdade nós é que *estamos nos forçando* com os "tenho de", "devo" ou "preciso".

Outra pressão importante é *a pressão do tempo*. Nossa vida é governada pelo relógio. Hora de acordar, prazos, hora de ir para o trabalho, hora de apanhar as crianças na escola, hora de fazer o jantar etc. É como se alguma pessoa invisível estivesse segurando um relógio, apontando para ele e dizendo, "olha a hora, você vai se atrasar". Sentimos como se estivéssemos indo mais depressa do que podemos, mas presos a uma rotina monótona que não nos leva a lugar algum.

O tempo é um conceito básico da natureza. Esquilos que não têm Rolex, mas mesmo assim se sentem pressionados a coletar nozes antes da chegada do inverno. Os pássaros não sabem o significado do minuto, mas sabem quando voar em direção ao sul para evitar o frio iminente. Também eles sentem a pressão do tempo como um mecanismo de sobrevivência.

Quantas vezes olhamos para o relógio a fim de verificar onde estamos em relação ao tempo? É como o capitão de um navio sempre verificando a bússola para tomar o rumo.

São muitos os que precisam viver de olho no relógio para ver se estão na rota do programa que eles mesmos traçaram no início do dia. Mesmo quando não estão olhando para o relógio, suas mentes ficam em estado de alerta sobre a passagem do tempo.

Muitas pessoas têm procurado ajuda porque seus relógios internos estão fora de sintonia com a hora de Greenwich.

Algumas dizem que *precisam* ser pontuais, outras, que estão *sempre* atrasadas. Esse descompasso causa problemas nos relacionamentos e aumenta a pressão do tempo. O relógio interno dessas pessoas pode estar mais rápido ou mais lento, dizendo-lhes que se apressem ou que percam tempo, com todas as dificuldades daí decorrentes.

A lógica e a experiência exercem um efeito pequeno sobre o ajuste desses fragmentos internos de tempo, e, apesar de todos os anfitriões irritados, *shows* perdidos e companheiros irados, seus relógios ainda ditam o seu comportamento.

Descobri um conceito útil para lidar com essa dificuldade relacionada com o tempo, e chamo-o de *metrônomo interno*.

Imagine um metrônomo dentro de você, como o regente de uma orquestra. Você tem uma pulsação natural que é cômoda. Pode ser diferente das de outras pessoas que lhe estão próximas, podendo também ser alterada de acordo com a situação. Se você está sentado relaxadamente numa cadeira, esse metrônomo pulsará numa velocidade que permita a todos os sistemas do seu corpo — coração, pulmões, rins, cérebro — trabalhar da melhor forma possível.

Quando os clientes vêm até mim, peço-lhes que se sentem na cadeira com os olhos fechados. Ponho para funcionar um metrônomo de verdade, e eles me dizem para fazê-lo tocar mais rápida ou lentamente, até chegar a uma pulsação que lhes seja cômoda.

Dificuldades aparecem quando as pressões do exterior o levam a ser mais rápido do que a sua pulsação natural. Sua companheira pode ter um metrônomo mais rápido que o seu. Ela pode estar sempre dizendo "rápido", e isso quer dizer que você está sendo lento. Essa pressão tem suas conseqüências, e seguem-se discussões.

Os prazos no trabalho podem exigir uma pulsação de 150 por minuto, mas você só se sente bem com uma pulsação de 50 por minuto. É fácil ver como ocorrem o *stress* e os sintomas após períodos prolongados a uma pulsação de 150 por minuto.

> Mary tinha um problema físico. Ela não conseguia engolir. Os médicos haviam feito muitos testes, todos negativos. Eles sugeriram que poderia haver um componente psicológico, e encaminharam-na a mim.

A mãe de Mary fora uma mulher de muito sucesso. Ela dirigia várias instituições de caridade e estava sempre fazendo coisas de um modo muito eficiente. Mary estava tentando acompanhá-la e tinha pavor de "ser muito lenta". Ela tentava fazer coisas demais em seu dia e sentia-se culpada caso não conseguisse.

Pedi-lhe que sentasse com os olhos fechados e ouvisse o metrônomo até que ele estivesse numa pulsação cômoda.

Sua pulsação natural era de 56 batimentos por minuto. "Isso parece maravilhoso", ela disse. "É tão calmo e tranqüilo que eu poderia dormir."

Então pedi que ela me dissesse qual era a pulsação na qual ela conduzia o seu dia-a-dia. Aumentei a velocidade do metrônomo até ele atingir 200 batimentos por minuto.

"É por aí. É esse o meu ritmo da manhã até a noite."

"Por que você faz isso?"

"Se eu não fizer, não consigo terminar tudo."

Na minha opinião, os sintomas de Mary deviam-se ao fato de que ela estava se submetendo a uma pressão temporal de 200 batimentos por minuto, quando sua pulsação natural era de 56. Seu corpo simplesmente "não conseguia engolir" as solicitações que ela estava impondo a si mesma.

Essa coisa complexa e útil chamada confiança está interconectada a esse processo de pressão. No caso de Mary, ela não tinha a confiança de ser ela mesma; tinha de imitar a mãe.

A pressão de externa é transformada em pressão interna. Com a confiança temos algum controle nessa transformação e podemos nos proteger de influências exteriores. Não precisamos ficar à mercê do tempo dos outros.

Compreendo que muitas vezes precisamos nos adequar às pressões de tempo de algumas situações. Quando for assim, é importante restabelecer o equilíbrio com o tempo para si mesmo, o tempo para seguir na sua própria pulsação e o tempo para respeitar o seu patrão interior.

O stress é o medo de perder o controle.

Ativadores da confiança

* A pressão pode ser exercida em nós mesmos de dentro ou de fora. Dizemos a nós mesmos que temos, devemos, precisamos fazer coisas, criando uma pressão para agir assim. Pensando em como a pressão afeta a sua vida, procure notar a proporção devida à influência exterior e a proporção criada por sua própria conversa íntima.

* Um componente da pressão está relacionado ao tempo. Você é uma pessoa constantemente consciente do relógio ou você termina as coisas no seu próprio ritmo?

* Existe um conceito de que temos um mecanismo de tempo interno que é específico para nós mesmos. Você tem consciência de que seu metrônomo interno está indo rápida ou lentamente? Como é a sua pulsação comparada com a de seu/sua parceiro/a? A sua pulsação está adequada ao seu estilo de vida e à sua paz de espírito ou ela lhe causa pressão e tensão?

SEÇÃO QUATRO

Meios de Melhorar a Confiança

19

Técnicas de auto-ajuda

Há muitas maneiras que podem nos ajudar a lidar com os problemas da vida. Somos apresentados diariamente a experiências que exigem decisões. Pelo aprendizado de técnicas que tornarão mais fáceis essas decisões, construiremos confiança no amanhã.

Orgulho de si mesmo

Ter uma atitude positiva para com você mesmo. Essa atitude dá sustentação interior e confiança em tudo o que você fizer.

"Você fez bem." "Você pode fazê-lo." "Lembre-se que você já conseguiu antes."

Essa atitude contrasta com palavras que estamos sempre ouvindo de pessoas menos confiantes.

"Não espero mais nada." "Sei que não vai dar certo." "Por que isso sempre acontece comigo?"

Essas declarações surgem no início do aprendizado. Uma experiência com crianças de 7 anos nos Estados Unidos, para a qual foi programado um gravador registrando o que elas ouviam num período de 24 horas, mostrou que 75% dos comentários recebidos dos adultos eram negativos.

"Não faça isso." "Você não deve dizer isso." "Você não está sendo um bom menino."

Essa lavagem cerebral faz com que uma conversa íntima de teor negativo continue no cérebro dessas crianças muito depois de os adultos cessarem as críticas. Elas aprenderam a serem críticas para consigo mesmas, tendo-lhes sido também ensinado que orgulhar de si mesmo é uma atitude arrogante e egoísta.

Incômodos ou problemas

Um problema é definido como "alguma coisa, questão ou pessoa com a qual é difícil de lidar". Se temos um problema, gastamos tempo e energia em busca de uma solução. Muitas pessoas vêem a maioria das coisas em sua vida como "problemas". Assim, estão sempre voltadas para o "problema" e deixam passar as boas coisas da vida.

Um incômodo é definido como uma "pessoa ou coisa que causa aborrecimento" — sem que se faça menção a um problema ou à busca de solução.

Abordamos os incômodos com uma atitude completamente diferente da assumida diante dos problemas. Aceitamo-los; não gostamos deles, porém os suportamos, já que podem ser imutáveis. Talvez não valham o esforço de tentar "resolvê-los".

> Eu estava no ponto de ônibus outro dia, e o ônibus estava atrasado. Isso é comum. O homem que estava atrás de mim na fila começou a ficar agitado. Olhava para o relógio e para a rua. Resmungava para si mesmo sobre o "problema do atraso dos ônibus".
>
> Aqueles resmungos não iam "resolver o problema" e fazer com que um ônibus aparecesse no horizonte. Era um aborrecimento, e talvez o fizesse atrasar-se para algum compromisso, mas ao classificá-lo como problema, o homem estava automaticamente tentando encontrar uma solução.

Minha sugestão é que se verificasse quantos dos assim chamados "problemas" que pesam em nossas atividades diárias podem ser reclassificados como incômodos e aceitos como tal. Isso alivia o fardo e permite que as coisas fluam suavemente e com menos resistência.

Quando você estiver preocupado com alguma coisa, tente resolvê-la, pergunte-se se ela é um problema ou um incômodo. É devastadora ou algo que só chega a causar irritação? Se você a suportar, ela se resolverá com o tempo ou será preciso o seu tempo e a sua energia para resolvê-la?

Uma máxima que acho muito útil é a seguinte: *o que quer que nos cause preocupação hoje, um dia será apenas uma lembrança.*

Também é possível reagir a problemas como se fossem desafios ou oportunidades de aprendizado. Perguntando-se "o que posso aprender com isso?", você estará dando início a um mecanismo de pensamento completamente diferente e bem mais gratificante do que se disser "isso é um problema, por que sempre acontece comigo?"

Atormentados por antecipação

Ao antecipar problemas estamos nos preocupando com o que pode acontecer. Na maioria das vezes, o que pode acontecer não acontece, e toda a energia daquela preocupação vai para o esgoto — nenhum uso lhe foi dado.

Há pessoas envolvidas com "pensamentos supersticiosos" (ver Capítulo 9, Os múltiplos níveis da mente). Elas acreditam que suas preocupações podem realmente evitar algum desastre. É como se houvesse algum poder misterioso a causar catástrofes, que seriam evitáveis caso se preocupassem com isso. Se deixarem de se preocupar, perde-se a proteção, e o desastre ocorrerá.

A preocupação tem um efeito negativo. Está voltada para o problema, não para a solução, cega-nos para as coisas boas que estão diante de nós, causa medo e esgota a confiança.

Possibilidade e probabilidade

Uma técnica para ajudar atormentados consiste em diferenciar possibilidades de probabilidades. Descobri que essa é uma técnica bastante útil.

Uma técnica para ajudar atormentados consiste em diferenciar probabilidades de possibilidades...

Sente calmamente, de olhos fechados, e imagine um recipiente muito pequeno, do tamanho de um dedal, no lado esquerdo de sua mente. Classifique-o como "possibilidade". No lado direito veja um recipiente grande, do tamanho de uma casa, e classificando-o como "probabilidade".

Levamos nossa vida segundo a probabilidade do que pode vir a acontecer. Se você desce a rua para comprar um jornal, a probabilidade é a de que você faça justamente isso. As possibilidades são as de você ser assaltado, de um tijolo cair na sua cabeça ou de você ser atropelado por um carro. Mas são possibilidades, e será mínima a atenção que você dará a elas.

O medo faz com que as possibilidades saltem do recipiente do tamanho de um dedal e sejam tratadas como probabilidades. Isso causa preocupações futuras, uma vez que você terá uma perspectiva inexata da vida. Imagine-se saindo para comprar seu jornal e atento, sobretudo, à hipótese de ser assaltado!

O objetivo aqui é colocar as possibilidades de volta no dedal a que pertencem, dando-lhes a atenção que de fato merecem. Você não pode dizer com certeza que isso ou aquilo não acontecerá, mas a isso você só reserva um minuto de sua preocupação. Essa atitude lhe permite recuperar o equilíbrio, fazendo com que a sua atenção esteja voltada para as probabilidades.

Aceitação de si mesmo ou medo de rejeição

A prática diária dessa técnica fará com que os conteúdos dos dois recipientes sejam úteis e adequados.

Aceitação de si mesmo ou medo de rejeição

Ao crescer, exigimos algumas influências de sustentação que possam nos fornecer uma estrutura, uma armação que nos permita construir a auto-confiança. Essa armação se compõe de muitos elementos (ver Capítulo 30, Ajude seus filhos a ficar confiantes) que incluem o amor, o apoio, o reconhecimento de nós mesmos enquanto indivíduos, compreensão, aceitação e aprovação.

A confiança é uma qualidade importante para a ligação de todos esses fatores. Precisamos confiar em nossos pais para enviar sinais delicados de aprendizado e confiança. É um processo lento e gradual que requer paciência e atenção.

Se recebemos apoio e aprovação, se somos encorajados e reconhecidos por quem somos, é com muito mais tranqüilidade que continuamos a escalar a treliça da infância.

Contudo, se nos sentimos rejeitados, a dor provoca um cessar abrupto do crescimento. Armazenamos essa dor no banco de nossa memória e tomamos decisões inconscientes para evitá-la no futuro.

Para proteger-nos da dor da rejeição, construímos um muro. Os muros têm a vantagem de isolar as coisas desagradáveis, mas ao mesmo tempo evitam que participemos do mundo exterior. Se nos retraímos como forma de proteção, deixamos de passar pelas experiências necessárias à construção da confiança.

É inevitável que esse medo da rejeição dê o tom a muitas situações, desde relacionamentos profundos e expressivos até um discurso como padrinho de casamento.

O oposto desse medo é a capacidade de ser *vulnerável*. É um processo de baixar a guarda e se permitir conhecer tal como se é, com suas falhas e imperfeições. Isso implica vencer os seus medos, gostar-se e assumir o risco de confiar nos outros com sua personalidade sensível.

Ganhamos força à medida que crescemos, e nossos poderes ficam maiores do que quando éramos crianças. Aprender a confiar nesses poderes de lidar com a adversidade ajuda-nos a baixar a guarda e mostrar nossa vulnerabilidade. A confiança cresce à medida que reduzimos o medo de rejeição, removemos os muros de proteção e construímos a liberdade de ser vulnerável.

> *O conhecimento passa, mas a sabedoria fica.*
>
> ALFRED LORD TENNYSON

Ativadores da confiança

- As coisas que nos incomodam podem ser descritas como problemas ou incômodos. Os problemas fazem com que busquemos uma solução; já os incômodos nós aceitamos mais prontamente. Pense em alguns dos incômodos que você esteja incorretamente classificando como problemas e recoloque-os na categoria devida.
- Um dos principais objetivos da vida é viver no presente. Muitas vezes tendemos a vagar pelo futuro com expressões que sempre começam pelas palavras "e se..."?

  — Você se classificaria como um atormentado por antecipação? Pense em alguma coisa que a esteja preocupando e coloque-a na categoria de possibilidade ou na de probabilidade.
- Um dos meios de melhorar a sua confiança é estar à vontade com sua própria vulnerabilidade. Muitas pessoas evitam essa sensação, portando-se como se elas fossem excessivamente sensíveis.

  — Você conhece a sensação de vulnerabilidade? Você se permitiria se sentir vulnerável e com isso perceber que pode sobreviver a certas situações, não precisando mais evitá-las no futuro?

20

A construção da confiança

Quando antecipamos uma situação fora de nossa "zona de conforto" (ver Capítulo 21, Como enfrentar o medo), freqüentemente é necessário construir a confiança para conseguir lidar bem com tal situação.

O processo de construção ocorre passo a passo (daí o termo "construção da confiança"), e muitas vezes num nível inconsciente. A seguir, um modelo que pode ser útil:

1. Conscientize-se de que está para ocorrer uma situação que lhe causa medo e insegurança.
2. Concentre-se no que você gostaria de realizar — objetivo, resultado ou meta.
3. Registre os passos exigidos para alcançar esse objetivo. As coisas *reais* que você precisa fazer.
4. Pergunte-se se as suas necessidades são razoáveis. Você pode precisar fazer uso disso em caso de negociações.
5. Pense nos resultados positivos advindos da realização do objetivo.
6. Posicione a sua tarefa numa perspectiva adequada. Não aumente a altura da prancha (Capítulo 23, Caminhar sobre a prancha).

7. Se a sua tarefa inclui lidar com outra pessoa, mude as palavras "confrontar", "argumentar", "vencer" ou "perder" para "negociar".
8. Tenha consciência de seus sentimentos. Havendo algum medo, comprometa-se a "senti-lo e fazer o que tiver de ser feito mesmo assim".
9. Dedique algum tempo para imaginar mentalmente o processo de negociação. Imagine um bom resultado, no qual todos vençam. Concentre-se em sua flexibilidade, em sua capacidade de expressar desejos, sentimentos, e de ouvir os outros. Conscientize-se, caso você esteja fechando sua mente para opções alternativas.
10. Percorra diariamente esses passos até o estágio 9, para poder ao mesmo tempo "incubar" suas idéias e "ensaiar" para o acontecimento futuro.

Eleanor tinha 35 anos quando veio até mim. Buscava ajuda para o seu teste de direção. Ela havia perdido sua confiança após falhar duas vezes.

Percorremos juntos os dez passos visando proporcionar-lhe uma estrutura de confiança para o próximo teste programado para dali a três meses.

1. Ela estava consciente da situação — de que era por isso que tinha vindo até mim.
2. Seu objetivo era passar no teste de direção.
3. Para passar no teste ela precisava de calma. Nos testes anteriores ela entrara em pânico. Era preciso diminuir o ritmo de sua mente, que disparava tão logo ela encontrasse o examinador. Ela precisava reduzir o seu medo de fracassar.
4. Ela sentia que suas necessidades eram razoáveis.
5. Assim que passasse no teste, compraria um carro novo. Já havia se decidido pelo modelo e economizara dinheiro suficiente para isso.
6. Ela conseguia pôr o seu objetivo em perspectiva juntamente com as demais coisas em sua vida. Percebeu que aquilo nem de longe era tão importante quanto outros aspectos, como a saúde dos filhos ou a relação com o marido. Baixou a altura da prancha para reduzir a pressão sobre sua tarefa.

MEIOS DE MELHORAR A CONFIANÇA

7. Não relevante.

8. Fechou os olhos e concentrou-se em todos os sentimentos e sensações associadas ao teste. Imaginou-se fazendo o teste e saindo-se bem, mesmo que à experiência pudesse se acrescentar o medo. Em sua imaginação, certificou-se de que o medo não aumentaria o seu pânico.

9. e 10. Todos os dias ela voltava a atenção para o teste durante alguns instantes, mantendo-se calma ao fazer o percurso. Aprendeu um exercício de relaxamento, e sua prática reduzia as tensões que viessem a aparecer.

Alguns meses depois, Eleanor enviou-me um bilhete com uma foto de seu novo carro. Ela contava ali que tudo acontecera de acordo com o planejado, exceto por um leve soluço do carro quando ela afogou o motor e quase entrou em pânico.

Eleanor passara aquelas semanas construindo sua confiança, dia após dia, seguindo a rotina sobre a qual havíamos conversado e simulando o teste sempre que tinha aulas com seu instrutor.

Muitas pessoas dirigem sua atenção a "fracassos" anteriores para reforçar a crença de que elas não são boas nisso ou naquilo. Essas experiências passadas são vistas através de um "retrospectoscópio" — uma máquina imaginária que nos ajuda a olhar para o passado com o benefício de uma visão retrospectiva.

Olhar para experiências passadas e dizer para nós mesmos que deveríamos ter feito melhor é um meio seguro de reduzir a confiança. Cada experiência por que passamos é um degrau na escada do aprendizado, ajudando a nos situar onde estamos. Se minamos nosso comportamento anterior com críticas e culpa, nós quebramos aqueles degraus e, em vez de subir, escorregaremos.

Para construir a confiança precisamos examinar, sob luz positiva a atitude, o esforço e o comportamento que tivemos no passado.

Fizemos o melhor que pudemos com as escolhas que nos estavam disponíveis na época.

Perceber o que aprendemos com aquelas experiências tem muito mais utilidade do que a autocrítica e a atenção voltada para os assim chamados "fracassos". A generosidade para com nossos esforços e tentativas do passado nos dá forças para lidar com o presente e encarar o futuro.

Espelhar-se num *modelo de comportamento* é uma forma de ativar a confiança.

A teoria é muito simples. Escolha alguém que tenha a confiança e as qualidades que você precisa para vencer seus medos. Imagine o que essa pessoa faria em seu lugar, e então simule ser essa pessoa. Você verá que a confiança e a coragem se seguirão.

Você pode escolher qualquer pessoa – um amigo, um professor do passado, uma estrela ou astro de cinema, um personagem de desenhos animados, até mesmo um terapeuta.

Pergunte-se a si mesmo: "O que faria essa pessoa, o que diria, como reagiria se estivesse no meu lugar?"

É um pouco como desempenhar um papel numa peça. Você mergulha nele, entra na sua pele, sabe o que ele pensa. Fazendo isso com seu modelo de comportamento, dirija a sua atenção para longe do medo. É um processo de aprendizado, você adquire o apoio e a confiança da personagem que você escolheu.

Eileen vinha sendo importunada pelo seu chefe no trabalho. Ficava nervosa cada vez que ele aparecia na parte do escritório em que ela ficava. Ela mudou, e da pessoa razoavelmente confiante que era passou a se comportar como um ratinho sempre que ele se aproximava.

O medo constante estava tendo suas conseqüências – ela já não dormia bem, bebia mais e estava visivelmente mais nervosa do que de costume.

Conversamos sobre vários aspectos de seu problema, e eu lhe perguntei se ela conhecia alguém que pudesse lidar com essa situação melhor do que ela.

Ela pensou por um momento e então disse que sua amiga Joanne certamente conseguiria.

Conversamos sobre o conceito de um modelo de comportamento, e ela concordou em passar a semana seguinte pensando em como Joanne reagiria às ações de seu chefe.

Na visita seguinte ela me disse que havia aprendido muito sobre seu comportamento e acreditava estar pronta para simular que era Joanne. Ela sabia o que Joanne diria e como ela responderia quando importunada.

Na semana seguinte, quando Eileen chegou parecia desapontada.

"Funcionou?", perguntei.

"Não tive a chance de pô-lo em prática. Por alguma estranha razão ele não me importunou durante toda essa última semana. Foi a primeira semana em meses na qual ele não tentou fazer isso comigo."

"Talvez você estivesse enviando vibrações diferentes e ele as tenha captado."

"Talvez. Eu estava pronta para lutar e nada aconteceu."

Nas semanas seguintes, o chefe de Eileen ocasionalmente fez comentários que a pudessem transtornar, mas ela conseguiu desviá-los ou dizer o que achava que Joanne diria.

Ela parou de me consultar depois disso, dizendo que se sentiria bem não importava o que acontecesse. Se o chefe parasse de importuná-la seria ótimo, mas se ele o fizesse ela estaria pronta para enfrentá-lo.

Uma técnica prática para ajudar a construir a confiança é chamada "a ponte da oportunidade".

O diagrama a seguir explica o que está em questão. Para que funcione com você, é preciso trabalhar com ele. Limitar-se a olhar para o diagrama e o exercício e dizer "isso é muito interessante, concordo com isso" não ajudará em nada. É preciso que ele seja incorporado em suas atividades diárias, tais como escovar os dentes.

Permita-se dez minutos ao dia para se concentrar no que você precisa para ir de A a B, o que ajudará nesse processo e o que o impedirá. Escreva o que pensou em seu caderno de exercícios para reforçar o processo, exatamente como você faria em seu trabalho ou em seu diário.

A ponte da oportunidade

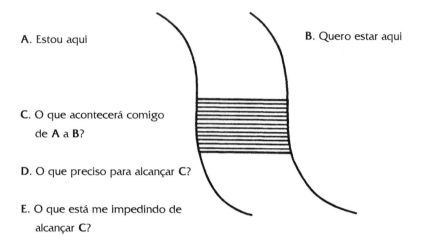

1. Escreva o que A, B e C significam para você.
2. Escreva uma lista de coisas representadas por D e E.
3. Escreva diariamente o que você pode fazer para chegar a C e para comprometer-se a fazê-lo.
4. Tenha consciência dos acontecimentos de seu dia-a-dia que forem representados por E e crie meios de superá-los.

Há muitos meios de construir a confiança. Todos requerem um conhecimento sobre o que fazer e sobre o tempo e o esforço necessários para pôr em prática esse conhecimento.

Não necessariamente você chegará ao êxito imediato, havendo, isto sim, muito o que aprender enquanto estiver tentando. Você aprenderá que pode *sobreviver* às provações não importa o que aconteça, e os seus temores terão sido muito maiores do que o acontecimento real.

A não ser que mudemos a direção, é provável que terminemos lá para onde estamos nos dirigindo.

MÁXIMA ZEN

Ativadores da confiança

- A construção da confiança consiste em pequenas ações que vêm se somar à nossa confiança.
  - Pense numa situação que você evitou no passado embora se sentisse *quase* capaz de enfrentá-la — este é o *objetivo*.
  - Escreva o que você *realmente precisa* para avançar rumo à *realização* do que você evitou no passado.
  - Concentre-se nos *resultados positivos* de sua ação e não nos seus temores e preocupações.
  - Tenha consciência de seus sentimentos e volte a se concentrar nas sensações positivas que terá ao realizar seu objetivo.
  - Fique algum tempo em silêncio imaginando a seqüência de acontecimentos que o levarão a realizar seu objetivo (ensaio).
  - Estipule um horário para as atividades que você deve desempenhar.
  - Faça-o simplesmente, e tenha uma atitude de aprovação para consigo mesmo ao concluir as atividades, independentemente do resultado.
- Concentre-se em outro aspecto de sua vida que você gostaria de melhorar.
  - Como modelo de comportamento, escolha uma pessoa que você acredita que se sentiria confiante e confortável nessa situação.
  - Durante o seu dia, imagine de que modo o seu modelo de comportamento agiria, como se sentiria e falaria.
  - Aplique-se uma "lavagem cerebral" com a atitude de seu modelo de comportamento de modo que você possa sentir exatamente como ele se sentiria.
  - Ponha em prática a sua "lavagem cerebral".
- Releia "A ponte da oportunidade".
  - Escreva o que A, B e C significam para você.
  - Faça uma lista de coisas representadas por D e E.
  - Concentre-se diariamente no que você precisa para realizar C. Comece com objetivos modestos e faça-os à medida que cresce a sua confiança.

21

Como enfrentar o medo

A vida pode ser vista como uma série de desafios iniciados no dia em que abandonamos a segurança e a proteção do útero; enfrentar um mundo completamente diferente de luz, som e toque é mesmo um desafio.

Num primeiro momento, nosso único instrumento de sobrevivência consistia no choro — consistia em chamar a atenção dos outros para a nossa situação angustiante. À medida que fomos crescendo, desenvolvemos outros meios de ter algum controle, iniciando-se assim o processo de construção da confiança.

O trabalho dos pais tem um caráter duplo — ele nos ajuda e também nos guia para que nós próprios nos ajudemos. De início os pais têm de fazer tudo, mas pouco a pouco recebemos responsabilidades bem como a permissão para aprender (geralmente a partir dos erros). Sempre que aprendemos, acrescentamos um grão de areia à escala da confiança. O nosso sistema inteiro vai reconhecendo que podemos realizar, que temos capacidades e que estamos nos tornando menos dependentes.

Pouco a pouco, esse processo continua — de desafios, de tentar superá-los, de fracassos e tentativas repetidas, êxito e (espera-se) de aprovação,

MEIOS DE MELHORAR A CONFIANÇA

seguida de auto-aprovação. Cada passo no curso da viagem aumenta a nossa confiança, e situações que eram difíceis tornam-se mais fáceis.

A mente aceita essas experiências e estabelecem-se novos circuitos neurológicos no cérebro – como quando se atualiza um computador. As pessoas que têm mais dificuldades na vida são as que não aprendem com suas experiências. A base desse comportamento está na manutenção de uma teoria a despeito das evidências em contrário. Um dos mais importantes mecanismos é o da sobrevivência. É como se um sistema de alarme estivesse instalado num nível muito profundo para nos dar segurança. Ele pode ser desenvolvido com base em acontecimentos ocorridos na infância, quando certas situações causam um medo extremo.

Uma criança que acredita que será abandonada; advertências contínuas de um pai ou de uma mãe; uma terrível experiência – tudo isso fará com que o mecanismo de sobrevivência se instale no inconsciente.

Esse mecanismo geralmente tem esta forma: "Não faça isso ou aquilo porque é perigoso e você pode morrer." A pessoa cresce, sua situação pode ser segura, mas o subjacente mecanismo de proteção a impede de aprender, mantendo a teoria do perigo.

A máxima "melhor o diabo que você conhece do que aquele que você não conhece" explica a razão da relutância das pessoas em tentar algo novo e de, se o fizerem, vê-lo como "algo que não está valendo", evitando aprender com isso.

A força do medo faz com que as pessoas se agarrem a informações defasadas. Vêem que ainda estão vivas, e então se perguntam por que tentar algo novo. O fato de terem suas limitações e dificuldades não é forte o suficiente para que assumam o risco de novas atitudes.

O processo de aprender sobre as nossas capacidades, adquirindo forças com esse conhecimento e possibilitando uma melhor adaptação em caso de defrontamento com uma situação semelhante, é o processo de adquirir confiança. Na verdade, o que estamos fazendo sempre que aceitamos um desafio é *vencer o medo*. E importa que o medo tenha um tamanho que nos permita enfrentá-lo.

Quando encontro adultos nos quais o cerne do problema reside na falta de confiança, pergunto-lhes se algum dia aprenderam a andar de bicicleta, a nadar, a cavalgar, a andar de *skate*, a dirigir. Freqüentemente respondem "não, ficamos com muito medo" ou "nossos pais não deixariam".

Esses adultos usaram as "técnicas de fuga" no curso de sua vida. É um modo de abordagem apoiado por muitos pais, temerosos do que possa acontecer aos filhos. Querem o melhor para os filhos, eles os protegem de todo o mal e com isso também os protegem de muitas situações que possibilitariam o crescimento de sua confiança.

O refrão desses pais é "não..."

- Não se molhe; você vai apanhar um resfriado.
- Não chegue perto do cãozinho; ele vai mordê-lo.
- Não tente andar de *skate*; você vai quebrar o tornozelo.
- Não entre na água; você vai se afogar.

Todas essas admoestações podem até fazer sentido, mas a mensagem subjacente é "o mundo é um lugar perigoso, coisas terríveis acontecerão se você assumir riscos".

O receptor dessas mensagens aprende a se aproximar de cada nova situação com o medo como emoção predominante. Ele está em guarda, preparado para o perigo, em atitude de defesa e encara cada novo desafio como um risco à sua sobrevivência.

Toda pessoa estranha é um assassino em potencial, todo carro um acidente, toda situação nova uma calamidade prestes a ocorrer. Quando as crianças crescem ouvindo essas mensagens, o seu círculo de atividade permanece limitado e protegido. Sua primeira atitude é evitar, retroceder, defender, dizer "não", tornando-se nulo o potencial para explorar, experimentar e aprender.

A mensagem "tudo o que é novo é perigoso" permanece por anos a fio. Num nível inconsciente, a lavagem cerebral por pais superprotetores penetra na mente de maneira profunda. Adultos que foram educados dessa maneira dizem "não" de maneira automática sempre que uma nova oportunidade lhes é oferecida. Mesmo vivenciando experiências positivas, essas pessoas desafortunadas têm muita dificuldade em superar essa lavagem cerebral.

Charles tinha 50 anos, e há 20 estava no mesmo emprego. Muitas vezes lhe foram oferecidas promoções, mas isso o deixava ansioso, deprimido, causava-lhe pânico, e então ele não conseguia aceitá-las. A empresa deixou de lhe oferecer promoções, e ele se conformou com a idéia de continuar sempre na mesma posição até se aposentar.

Na verdade, ele não se conformava de todo com a sua incapacidade de aceitar promoções. E por isso ele veio até mim. Parte dele queria os benefícios de um cargo mais elevado, mas seus temores combatiam essa parte e sempre venciam a batalha.

Havia muitos outros aspectos de sua vida nos quais o medo o impedia de agir. Ele vivia só, jamais havia tido um relacionamento duradouro, seus *hobbies* eram solitários e freqüentemente se sentia ansioso e tímido.

Charles descreveu sua infância como "a vida numa redoma de vidro". Era filho único de pais superprotetores, sempre atentos às calamidades que poderiam se abater sobre ele.

Os desafios normais da infância foram mantidos longe dele. Não lhe era permitido ficar com amigos, não podia andar de bicicleta, levavam-no de carro até a escola e depois o buscavam, não tinha animal de estimação e sua mãe permanecia com ele nas festas para ter certeza de que ele se divertiria.

A superproteção da mãe remontava ao fato de ela ter perdido um irmão de dez anos num acidente de carro. Os pais dela jamais superaram a perda, e a mensagem sempre repetida em sua família era a de que "se tivéssemos sido mais protetores, isso não teria acontecido".

A mãe de Charles trouxe esse lema para o seu casamento, e ela gastou muita energia certificando-se de que o mesmo destino não iria acometê-la. Manteve Charles numa redoma de vidro, evitando que ele explorasse, cometesse erros e assumisse riscos, já que isso seria perigoso para a sua vida.

Esse ambiente não ajudou Charles a se adaptar à vida real quando ele saiu de casa. Era tímido, inseguro, tinha dificuldades com relacionamentos (a mamãe o alertara sobre as garotas) e não conseguia ser uma pessoa positiva.

À medida que crescia, vendo as outras pessoas divertirem-se mais, terem mais êxito e mais experiências, Charles percebeu que sua educação fora inadequada, mas nem por isso conseguiu se livrar das advertências armazenadas no fundo de sua mente.

Tentou insistentemente ser enérgico e independente, mas era impossibilitado por suas emoções. Entrava em pânico, suas mãos suavam, seu coração disparava e sua voz tremia quando tentava ser positivo. Então desistiu.

Minha tarefa com Charles era apoiá-lo no processo de assumir riscos. Elaboramos um plano. Ele devia anotar os menores riscos pelos quais ele gostaria de passar, e eu lhe daria apoio para assumi-los. Não importando se os seus riscos fossem estranhos ou ínfimos, nós os tratávamos com todo o respeito.

Na primeira semana ele concordou em pedir fogo para alguém na rua (Charles era fumante). Sua mãe lhe dizia que ele corria o risco de ser assaltado se agisse de maneira tão temerária. Ele o fez e gostou da resposta amigável que recebeu. Tanto gostou que pediu fogo a cinco pessoas naquela semana. Deliciou-se relatando-me o seu êxito, e então conversamos sobre sua próxima tarefa, que era perguntar as horas a uma mulher no *pub* que ele freqüentava.

Charles tinha o seu lugar preferido num canto do *pub*. Sempre bebia sozinho, às vezes tinha a companhia de outros clientes, mas admitiu para mim que se sentia pouco à vontade com esses "intrusos".

Ele achou que sua nova tarefa seria quase impossível. Na sua imaginação, a mulher gritaria como se ele quisesse estuprá-la caso ele lhe perguntasse as horas. Depois de conversarmos muito, ele disse que precisaria de uns goles antes de tentar, mas o faria.

A visita seguinte revelou que ele tivera êxito novamente; ninguém chamou a polícia por ele ter perguntado as horas a uma mulher. Na verdade, ela conversou com Charles por mais ou menos um minuto até que ele escapulisse de volta para seu canto.

Semana após semana, Charles prosseguiu com suas tarefas. De um modo geral, ele estava conseguindo diminuir as defesas do passado e induzir as experiências que tinha no presente. Ele saiu de sua redoma de vidro. Não se tornou um leão, mas estava mais próximo de um labrador do que de um rato...

MEIOS DE MELHORAR A CONFIANÇA

O que podemos aprender com a história de Charles?

1. O aprendizado que recebemos na infância diz que "o mundo é um lugar perigoso, não assuma riscos, coisas terríveis irão acontecer se você se desgarrar da corda bamba que é sua situação atual".

2. Essa mensagem o manteve imobilizado no mesmo cargo por 20 anos, apesar dos incentivos para melhorar sua situação.

3. Para ajudar Charles a sair de seu círculo de conforto foi importante selecionar tarefas adequadas a seu estado de confiança. Planejamos riscos que até então transcendiam sua capacidade.

4. Executando essas tarefas (simples), Charles aprendeu muito. Elas eram como os primeiros passos de um bebê que está aprendendo a andar. Mudaram o mundo, mesmo sendo procedimentos mínimos.

5. A esperança de Charles era a de entrar no mundo da realidade e deixar para trás o mundo artificial criado pela mãe superprotetora à medida que ele fosse concluindo uma tarefa após a outra.

6. Cada passo de Charles era-lhe útil. Ainda que não tivesse êxito, ele aprendeu que poderia sobreviver e que as coisas horríveis descritas por sua mãe simplesmente não aconteceram.

7. A marcha do progresso dependia unicamente de sua capacidade de lidar com cada tarefa; quanto mais difíceis elas se tornavam, mais ele relutava em assumir riscos, e esse processo diminuía a marcha.

8. O nível alcançado por Charles novamente se relacionava com o equilíbrio entre os seus desejos e a dificuldade em realizá-los. Se eu o fizesse avançar muito rapidamente ou muito para adiante, ele retrocederia, achando a terapia muito intimidadora. Eu tinha de deixar que ele comandasse; Charles era o guia, e eu, o ajudante.

9. Na verdade, ele melhorou a ponto de fazer parte de um pequeno grupo de amigos no *pub*. Participou de noites divertidas e jogos de dardos e, ao atingir esse nível, decidiu deixar a terapia. Ele aceitara essa categoria de tarefas e agora se voltava para seus dividendos.

10. A principal conquista de Charles foi a paz de espírito. Ele fez progressos em muitas áreas, mas o principal benefício da terapia foi o de aceitar-se a si mesmo. Ele aprendeu muito sobre si próprio du-

rante esse processo, e aprendeu também que o mundo não era o lugar apavorante que sua mãe descrevera.

Enfrentar o medo é uma regra básica para o crescimento emocional. Erros/fracassos são realmente as pedras de toque do êxito. Cair da bicicleta e esfolar o braço não é problema. A esfoladura cicatriza em poucos dias, ao passo que o aprendizado permanece por toda a vida.

Um médico sábio, nos Estados Unidos, tinha quatro filhos, que desde muito cedo dormiam em camas diferentes a cada semana. Às vezes dormiam no chão, outras vezes numa barraca ou num divã. Certas noites eles dormiam com a cabeça voltada para uma determinada direção, e em outras, na direção oposta.

Ele me contou que fazia isso por uma razão especial. Os filhos teriam de lidar com toda uma diversidade de mudanças durante a vida, e a mensagem que ele passava dizia que a mudança era algo normal e que eles não precisavam se intimidar com ela.

Mudar a classificação de "problema" para "desafio" nos ajuda a mobilizar nossos recursos de um modo completamente diferente. Se aprender a andar de bicicleta é um problema cavado pelo conselho de pais e mães: "não vá cair e quebrar uma perna", teremos medo não só de cair, mas também da recriminação que se seguirá na forma de "eu lhe disse!"

Ao se encarar a mesma situação como um desafio apoiado por algo como "vamos ver se você consegue pedalar dez metros sem cair", tem-se uma atitude completamente diferente. Receber aprovação e apoio em caso de queda já é bem diferente do "eu lhe disse" e é um incentivo para que você tente de novo.

Desenvolver uma atitude de "por que não tentar?" estabelece uma grande parceria na vida. Desenvolver um lema "é melhor tentar e falhar do que nem tentar" assegura uma atitude de "por que não tentar?", opondo-se "por que não?" a "por quê?".

Se olharmos para a nossa capacidade de lidar com as coisas, nosso círculo de conforto se apresentará como o círculo a seguir:

Encarar o medo e os desafios, assumir riscos, aprender com os erros amplia o círculo:

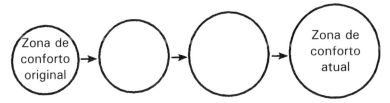

Encarar o medo, por que não?, por que não tentar?

A circunferência do círculo é o fio da navalha, a zona de risco. Dentro do círculo estão as coisas que podemos fazer, sentindo-nos à vontade com isso; as coisas do lado de fora são as que estão para além de nós, sendo por demais temerárias, por demais arriscadas.

Quando enfrentamos o medo e nos arriscamos, alargamos nosso mundo, desenvolvemos mais oportunidades, nosso caminho fica mais amplo e fácil, e cresce a nossa confiança.

Por outro lado, se usamos a *técnica da fuga*, nosso mundo encolhe:

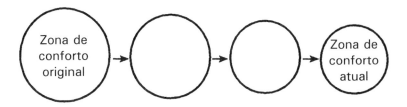

Fuga, ir pelo garantido, por quê?, melhor o diabo que você conhece do que aquele que você não conhece, não tente que você pode falhar.

Com essa atitude perdemos oportunidades, nosso mundo se fecha em torno de nós, nossa zona de conforto se reduz, as coisas se tornam mais difíceis, diminuem nossa energia e nosso entusiasmo.

Técnicas de fuga desenvolvem-se de diversas maneiras. Muitas vezes ouço as pessoas dizer "faço qualquer coisa para viver em paz". Essas pessoas têm a vida menos pacífica do que poderiam. Elas acreditam que "as coisas se arrumam por si sós", muito embora, com o passar dos anos fica evidente que esse não é bem o caso.

É muitas vezes "mais fácil" fugir do que fazer alguma coisa. Assumir um risco envolve medo, a fuga permite uma gratificação inicial e a esperança de que o resultado a longo prazo seja satisfatório. Em geral é mais fácil perguntar "por quê?" do que "por que não?" "Por que não?" implica um compromisso com fazer alguma coisa. "Por quê?" adia a ação e transfere o ônus para quem faz a pergunta.

As pessoas se recordam das vezes em que a fuga foi benéfica e esquecem de quando ela resultou em fracasso. Fiam-se nas esperanças e em outras coisas para assegurar o êxito em vez de assumirem elas próprias a responsabilidade.

A vida costuma ser uma luta com o que está fora de nossa zona de conforto como quando fomos expelidos do útero, como quando o pintinho fura a casca do ovo, como quando a cada manhã o despertador toca e preferimos ficar na cama.

É fácil ver por que as pessoas querem ficar em sua zona de conforto — é confortável! O objetivo é chegar a um equilíbrio no qual os desafios sejam equilibrados com o conforto do *status quo*.

Em algum ponto do caminho encontraremos nossa confiança no cruzamento entre a busca e a aceitação.

O desejo de conforto é aquela coisa furtiva que entra na casa como um convidado, torna-se hóspede e depois vira patrão.

KAHEIL GIBRAN

Ativadores da confiança

- As pessoas que usam técnicas de fuga dizem para si mesmas "amanhã eu começo; tudo por uma vida de paz; o que as pessoas vão pensar se eu fizer isso?; e se eu cometer um erro?; eles podem ficar zangados se eu disser isso; as coisas vão se ajeitar sozinhas". Com que freqüência você usa a fuga como técnica para lidar com as dificuldades?

  Quantas vezes você é bem-sucedido?

- Usa-se muitas vezes a frase "enfrente seu medo" quando se dá algum conselho. Na prática, ela significa sentir medo de fazer ou dizer alguma coisa, mas fazê-la mesmo assim. O processo tem três estágios:

  — Reconhecer sua necessidade de fazer ou dizer alguma coisa.

  — Perceber que você está com medo de fazê-la e tem uma propensão para evitá-la.

  — Fazê-la mesmo assim, ainda que você tenha medo.

  Escolha alguma coisa que se encaixe na categoria (1).

  Tenha consciência do medo (2). De qualquer forma, faça o que tem de ser feito (3), ainda que seus sentimentos lhe orientem para a fuga.

- Algumas pessoas respondem com um "por quê?" quando lhe pedimos que façam alguma coisa. Outras dizem "por que não?" e a fazem.

  Você é uma pessoa do tipo "por quê?" ou do tipo "por que não?"

22

Ser consciente

Em termos psicológicos, quando nascemos nossa mente é governada pelo nosso inconsciente (estado de inconsciência), e o progresso que conhecemos durante a vida é o de nos tornarmos mais conscientes (aquisição da consciência).

O comportamento consciente significa que temos o controle, que estamos seguindo nossos desejos e podemos nos responsabilizar por eles. O comportamento inconsciente não está sob nosso controle, relaciona-se com nosso mundo interior (ver Capítulo 26, Nossos mundos interiores) e muitas vezes não se encontra no mesmo nível de nossos objetivos.

Uma comparação pode ser feita com um homem que se comporta de maneira respeitosa quando está sóbrio, transformando-se porém numa pessoa inconveniente quando bebe. No dia seguinte ele não consegue se lembrar de seu comportamento e não se responsabilizar por ele.

É como se o inconsciente assumisse o comando, uma vez que o controle consciente foi removido pelo álcool. Ter consciência do efeito que o álcool exerce em seu comportamento é o começo da viagem para resolver o problema.

Ser consciente traz consigo uma dupla obrigação — ter consciência de si mesmo e também dos outros.

Se você se imagina flutuando e olhando para si enquanto age, então está começando a adquirir consciência.

Muitas pessoas me contam que conseguem resolver muito bem os problemas dos outros, mas não os seus próprios. Isso porque são capazes de ver os outros numa perspectiva adequada, mas tão envolvidas estão com suas próprias dificuldades que não conseguem ver a floresta por causa das árvores.

"Ser consciente" é uma expressão de significado parecido com o do termo usado pelos gurus orientais – iluminação. Um meio de tornar-se consciente é ver-se de outro lugar. Se você se imagina flutuando e olhando para si enquanto age, então está começando a adquirir consciência.

Esse é um processo muito útil que pode nos desenredar de todas as nossas pendências, dando-nos confiança e reduzindo o medo. Trata-se de um velho conceito ilustrado por muitas máximas de nossa língua:

- "Veja com os seus próprios olhos."
- "Você deve sempre ser capaz de rir de si mesmo."

- "Ele está tão envolvido com seus próprios pensamentos e sentimentos que não está conseguindo ver a coisa como ela é."
- "Se pelo menos eu conseguisse salvá-lo de si mesmo, sua vida seria muito mais fácil."
- "Ele é seu pior inimigo."

Tim tinha dificuldade para fazer coisas. Sua mente corria em muitas direções, ele experimentava um bombardeio de oportunidades sem jamais conseguir decidir qual seria a melhor.

Estava sempre pesando os prós e os contras e preocupava-se com a possibilidade de cometer algum erro. Ficava apavorado quando seus amigos o convidavam para sair sem saber (nem ele nem os amigos) o que iriam fazer.

Conversei com ele sobre o "ter consciência". Ele achou o conceito bom em teoria, mas não tinha idéia de como pô-lo em prática. Sugeri que ele se imaginasse no alto olhando para baixo, para si mesmo. Aquele que estivesse lá em cima seria o observador – sem visões, opiniões ou emoções – para ver o Tim lá embaixo tentando se decidir.

No momento da consulta ele estava preocupado com a decisão de convidar ou não uma garota para uma festa no fim de semana. Pedi que ele sentasse calmamente, com os olhos fechados, e observasse a si mesmo tendo dificuldade para tomar aquela decisão.

"É ridículo", exclamou depois de alguns minutos: "Por que tanto estardalhaço por causa de uma simples decisão?"

Eu ri e falei: "É como se você estivesse perdendo de vista o sentido de proporção."

Ele também riu e prometeu fazer diariamente o exercício de elevação para ver-se de cima.

Eu gostaria de poder dizer que Tim mudou instantaneamente, mas não foi o que aconteceu. Por diversas vezes ele mergulhou em seus velhos hábitos e eu continuei a trazê-lo para cima, para que ele tivesse uma visão melhor.

Muitas semanas depois, ele disse achar que tinha pego o jeito da coisa e que continuaria praticando sozinho a sua "auto-elevação", como ele a chamava.

Ter consciência dos outros significa não deixar que sua perspectiva seja contaminada por suas próprias visões e opiniões.

Um observador de pássaros passa horas observando pássaros. Ele não diz que esse é um bom pássaro e que aquele é um mau pássaro. Só observa, registra seu comportamento e o toma como típico daquela espécie. Seu envolvimento é com o observar, não com o julgar. Aceita o pássaro como ele é e se compraz no que vê de um ponto de vista neutro.

Essa é a consciência dos outros: observá-los de um ponto de vista neutro sem julgamento ou valores — eles são o que são. Você não precisa dar-lhes conselhos, pois está aceitando o que eles fazem como sendo o melhor que podem fazer por si mesmos. Pessoalmente, acho isso uma coisa muito difícil de fazer. Tenho uma crença profundamente enraizada de que sei o que é melhor para os outros. À medida que vou ficando mais velho, percebo que isso está longe de ser verdade, mas a fita continua tocando em minha cabeça. Acho que se eu fosse um observador de pássaros eu me apressaria a dizer ao pássaro algo como "há uma larva bem ali, em cima da árvore".

Existe um fenômeno que ocorre quando os observadores estão envolvidos. Deparei-me com tal fenômeno em diversas ocasiões em meus *workshops* de psicoterapia.

Eu pedia a um voluntário que sentasse na minha frente, numa cadeira próxima de mim, para que eu pudesse demonstrar algumas técnicas. A pessoa que servia de voluntário falava de si mesma, e eu contestava algumas de suas crenças. Freqüentemente ela chorava, quando áreas sensíveis eram trazidas à tona.

Em diversas ocasiões aconteceu que alguém do grupo se irritava comigo, dizendo que eu estava magoando e aborrecendo o voluntário e acusando-me de ser insensível a seus sentimentos. Essas críticas me deixavam preocupado, e eu então me desculpava com o voluntário, que sempre dizia que estava se sentindo realmente bem e que achara a experiência bastante útil e edificante.

O observador, no grupo, não estava recebendo a mesma experiência que o voluntário. Ele podia bem estar pensando: "se fosse comigo, eu ficaria magoado e aborrecido". Via a situação a partir de seu próprio viés, e com isso distorcia a informação.

Muitas pessoas têm "filtros mentais" que interferem no modo como vêem uma situação. Em razão de experiências anteriores elas precisam filtrar certos aspectos do comportamento como se eles fossem excessivamente dolorosos. Fazem uso freqüente dos "óculos escuros da negatividade" para se proteger da dor e, ao fazê-lo, distorcem a experiência.

> Os pais de Alan discutiam muito quando ele era criança. O som das vozes elevadas fazia com que ele ficasse ansioso e transtornado, evitando a todo custo que essa possibilidade viesse a ocorrer.
>
> Seu filtro mental lhe causava muita preocupação sempre que ocorriam divergências saudáveis no trabalho ou em casa, com a esposa.
>
> Seu filtro lhe dizia que "discutir é errado e resulta em lágrimas e divórcio", e era incapaz de ver as discussões como um meio natural para que as pessoas pudessem resolver suas dificuldades. Redefinimos a palavra, fazendo-a passar para "discussões e negociações", e ele se sentiu melhor quanto a aceitar o comportamento classificado daquela maneira.
>
> Ao final de alguns meses de terapia, Alan conseguiu reduzir seu filtro, e sentiu-se seguro mesmo assim. Fazíamos sessões de desempenho de papel, nas quais ele "negociava e discutia" de modo acalorado assuntos que lhe eram caros. Ele percebeu que isso não destruiria nossa relação nem resultaria em culpa e dor.
>
> Ele começou praticando um pouco no trabalho, expressando opiniões que diferiam das dos outros. Surpreendeu-se porque seu mundo não se desintegrou, ao contrário do que ele via acontecer com seus pais.
>
> Tornou-se mais *consciente* do quanto o seu filtro mental havia predisposto e restringido suas opiniões e pôde perceber que poderia se sentir seguro mesmo que discordasse dos outros.

Nossas atitudes e perspectivas ditam como nos sentimos. Muitas vezes duas atitudes opostas podem ser ambas corretas e ainda assim nos levar a direções completamente diferentes.

Olhando para os sorteios da loteria, um dos pontos de vista pode ser o seguinte: "Como alguém tem de ganhar, vou comprar um bilhete." Outra opinião pode ser a de que "as chances de ganhar são iguais à de cair um raio na minha cabeça duas vezes no mesmo dia, e por isso não vale a pena comprar bilhete nenhum". Ambas as opiniões estão corretas, e no entanto o efeito que exercem nas pessoas que as estejam pensando é completamente oposto.

Estar aberto para outras opiniões e atitudes ajuda-nos a ter consciência das diferentes possibilidades. Isso não significa que as opiniões que *nós* mantemos estejam erradas, mas que somos capazes de fazer mais escolhas se estivermos abertos para alternativas.

O conceito de estar consciente — observando-se de cima — proporciona muita confiança. Quando somos apanhados, a exemplo de Tim, indo para cá e para lá em nosso pensamento, nossa confiança é corroída durante o processo.

Se imaginarmos um rato num labirinto tentando encontrar o caminho em direção a um queijo, poderemos vê-lo correndo para lá e para cá, ficando cada vez mais confuso e menos confiante à medida que o tempo passa. Se o rato pudesse se imaginar elevando-se e vendo o labirinto como ele de fato é, sua trajetória seria fácil.

Trazemos conosco fitas do passado — de nossos pais, professores etc. —, e à medida que fitas conflitantes continuam a tocar, ficamos presos a um dilema, nossa capacidade de tomar decisões se confunde e nossa confiança é prejudicada.

Livrando-se de todas as formalidades e vendo-se de cima, a direção fica mais clara porque ela não sofre a interferência de emoções e doutrinas. A função de observar a si mesmo é inibida pela direção dos outros. Se você estivesse preso num engarrafamento de trânsito sem saber quando conseguiria chegar em casa e alguém o tirasse de seu carro, içando-o por um helicóptero, seria fácil avaliar o resultado do engarrafamento. Você veria a sua causa (talvez um acidente), a quantidade de ruas congestionadas, os rebocadores em ação etc. Isso não necessariamente diminuiria o seu tempo para chegar em casa, mas você não se inquietaria mais com as perguntas confusas e irritantes que estava se fazendo antes.

Meditação

Uma forma específica de consciência vem da prática da meditação. Em diversas ocasiões neste livro, sugeri exercícios que exigiam um período de calma, um foco interno ou a meditação.

O fundamento da meditação é aquietar a mente ativa (a "mente macaco", que está sempre pulando de um assunto para o outro), de modo que a paz e a tranqüilidade possam envolver a mente a partir de um nível mais baixo. Essa calmaria traz muitos benefícios, incluindo a introvisão de si mesmo ou do assunto no qual você está meditando.

O processo para se chegar a um estado meditativo varia dependendo da forma de meditação que você escolher, mas os princípios são muito parecidos.

1. Permita-se um tempo em que você não seja interrompido. Certifique-se de que seu parceiro ou sua parceira ou filhos tenham ciência de que você está tendo esse tempo consigo mesmo/a para que não o/a atrapalhem. Deixe o telefone fora do gancho ou na secretária eletrônica com o seu toque no volume mais baixo possível.
2. Escolha um lugar agradável e adequado para esse tempo consigo mesmo. Algumas pessoas meditam no horário de almoço dentro do carro, outras meditam antes ou ao voltar do trabalho.
3. Para criar o hábito de meditar, pratique no mesmo horário todos os dias. De preferência não adote os momentos em que estiver na cama antes de dormir, pois é provável que você esteja cansado e adormeça.
4. Há muitas posições que as pessoas podem escolher — a mais comum é sentar numa cadeira confortável, mantendo a cabeça apoiada, ou deitar no chão.
5. A respiração é um componente importante na maioria das formas de meditação. Sendo a respiração natural e rítmica, ela cria uma boa base para que a atenção se volte para ela. Faça com que a respiração ocorra naturalmente e concentre-se na exalação para permitir-se flutuar para baixo.

MEIOS DE MELHORAR A CONFIANÇA

6. Mantenha os olhos fechados para poder voltar sua atenção para o interior.

7. Passe de uma condição de tentar fazer e analisar para outra, de ser e aceitar. Permita que seus pensamentos deslizem de um assunto para outro sem tentar direcioná-los, e com o tempo esse processo se tornará mais lento e você começará a entrar no estado de meditação — um estado de calma, paz e relaxamento.

8. Se você estiver usando esse tempo consigo mesmo para explorar algum aspecto de sua mente, mentalize o assunto ao iniciar o processo, como se estivesse pedindo a alguma parte de sua mente que tivesse consciência dele a partir de uma perspectiva mais profunda. Você não precisa manter seu foco nesse assunto, uma vez que já o terá semeado. Por exemplo, desejando examinar o dia anterior nesse estado de relaxamento, você proporia essa intenção para si ao iniciar o processo de meditação.

9. Permaneça no estado meditativo por aproximadamente vinte minutos. Seu relógio interno é muito preciso e fará com que você saiba quando o tempo tiver passado. Haverá dias em que você achará que permaneceu por menos tempo, enquanto em outros você sentirá que ficou um pouco mais.

10. Quando estiver pronto/a para sair do estado meditativo, deixe-se levar para cima até sentir abrirem-se os olhos. Sente em silêncio por alguns minutos, ajustando-se à transição para o estado de consciência ativa.

Fazer esse exercício regularmente pode ser muito útil por uma série de razões. Ele lhe dá o tempo para ficar consigo mesmo, necessário para equilibrar as atividades do resto de seu dia. Permite-lhe assumir uma perspectiva diferente com relação às situações externas e mesmo com relação à sua própria personalidade. Proporciona-lhe tempo para que a parte criativa de sua mente lhe forneça idéias novas para que você descubra a si mesmo.

> *Estou em casa e à vontade numa trilha que desconheço,*
> *inquieto e perdido numa estrada que bem conheço.*
>
> HENRY LAWSON
> POETA AUSTRALIANO

Ativadores da confiança

- Usando as orientações do capítulo, dê-se um tempo para meditar durante meia hora. Primeiro aprenda o processo sem nenhum objetivo definido, apreciando sua mudança da condição de *tentar* para a de *ser*.
- Tendo passado por algumas sessões, aprenda a meditar, escolha um assunto que você gostaria de ver de uma perspectiva diferente e use-o como foco para o seu tempo consigo mesmo.
- Escolha uma pessoa com a qual você tenha dificuldades. Esteja consciente de seus sentimentos para com ela. Agora, observe-a como um observador de pássaros faria com um pássaro — sem "ele/ela deveria", sem comparações nem condenações. Use sua observação para ver essa pessoa de um modo objetivo em vez de emocional.

23

Caminhar sobre a prancha

Não há muitas coisas que importam na vida, quero dizer, que *realmente* importam. É freqüente nos preocuparmos com acontecimentos que dias depois cairão no mais completo esquecimento.

Adrian andava perturbado e deprimido devido a uma longa batalha judicial com a vizinhança, que já se arrastava por quatro anos. Ele não falava mais com seu vizinho, já havia pago milhares de libras em honorários advocatícios e o conflito ainda não estava resolvido.

O que estava em disputa era uma linha de demarcação de terrenos. Seu vizinho reclamava dizendo que ela estava a cinco centímetros de onde deveria estar — cinco centímetros!

Os tribunais estão cheios de vizinhos zangados, gritando sobre coisas de magnitude (ou minimitude) parecida. Na escala real das coisas, cinco centímetros numa linha demarcatória são importantes? O que o vizinho faria com os cinco centímetros de terra a mais?

Há um ditado que diz: "muitos são os teimosos na busca do caminho, poucos o são na busca do objetivo!"

Perdemo-nos na batalha e esquecemos do resultado. Elevamos as estacas das diferenças a ponto de estarmos preparados para gastar milhares de libras e desperdiçar quatro anos por cinco centímetros.

Para vencer desafios muitas vezes é preciso colocá-los em perspectiva. A maioria das brigas acontece por motivos que não são realmente importantes. Se posicionarmos o obstáculo alto demais, será difícil ultrapassá-lo; trazê-lo para uma altura adequada significa que a tarefa será muito mais fácil.

Sophie veio me consultar e desatou a chorar nos primeiros dez minutos. Dizia que a vida era simplesmente tão difícil, que ela não sabia como levar a vida, não conhecia as respostas, estava exausta e tensa. Ficava repetindo a frase "estou com medo de não fazer a coisa certa e de as crianças acabarem trilhando o mau caminho".

A emoção que a dominava era o *medo de cometer um erro*. O problema maior para Sophie eram seus dois filhos, Tom e Chris, de 12 e 14 anos. Ela estava sempre gritando com eles, já que não era obedecida.

Quando chegamos aos fatos, ficou evidente que Sophie dava uma importância excessiva a cada detalhe da manutenção da casa.

Tom deveria exercitar-se ao piano todas as noites, mas ele não fazia isso. Chris assistia muito à televisão e não ia para a cama antes das nove e meia. Nenhum deles limpava os sapatos, e em seus quartos reinava a bagunça. Os modos à mesa eram péssimos, e os dois estavam sempre brigando.

Para Sophie havia muitas coisas que *realmente* importavam, mas na verdade, na escala real das coisas, elas não tinham importância. Discutimos sobre as atividades (ou inatividades) dos garotos que a deixavam roxa de raiva. Perguntei que importância elas teriam dali a dez anos. Sugeri-lhe que se concentrasse nas coisas *boas* de Tom e Chris, para com isso diminuir sua irritação e pôr as coisas em perspectiva.

Falei-lhe da técnica da prancha. Pedi a ela que visualizasse uma prancha de 1,20 m de largura, que se levantasse e se imaginasse andando ao longo da prancha, com a atenção voltada para dois sentimentos:

1. Conseguiria fazer isso?
2. Como se sentiria?

Ela caminhou sobre a prancha imaginária em cima do carpete e depois sentou.

"Conseguiu?", perguntei.

"Consegui."

"E como foi?"

"Tudo bem. Sem problemas."

"Então, sabemos que você pode caminhar sobre uma prancha de 1,20 m de largura. Eu poderia lhe passar um certificado por isso. Agora, imagine se colocássemos a prancha entre dois arranha-céus e eu lhe pedisse (e ambos sabemos que você pode fazer isso) para caminhar sobre a prancha entre os dois arranha-céus."

"Eu não faria isso. Seria muito perigoso. Eu ficaria apavorada com a possibilidade de cair."

"Mas ambos sabemos que você é capaz, você mostrou isso aqui."

"Sim, mas eu não poderia fazer isso lá em cima."

"Está certo. Ninguém poderia. Mas é isso que você está fazendo em sua casa. Você está erguendo a prancha tão alto que não consegue lidar com ela. Sugiro que você traga a prancha para baixo, para o nível do chão. Tudo o que você diz sobre o comportamento de Tom e Chris é perfeitamente normal e saudável em garotos daquela idade. Permitir que sejam um pouco mais eles mesmos, dar-lhes mais responsabilidades, deixar de se preocupar tanto com essas coisas tornará a vida mais fácil para todos — em especial para você."

Há um ditado zen que diz "se quiser controlar suas ovelhas e cabras, coloque-as no maior estábulo que você tiver".

Nossa conversa não deixou Sophie muito satisfeita, mas ela concordou em tentar. Ela avisaria a Tom que deixaria de supervisionar seus exercícios ao piano e que se a professora não estivesse satisfeita, ele teria de deixar de freqüentar as aulas. Ela fecharia a porta dos quartos deles, para nem tomar conhecimento da bagunça que houvesse lá dentro. Se Chris estivesse cansado por ficar acordado até tarde, o problema seria dele próprio; ele precisava acordar cedo para ir à escola, e Sophie iria verificar seu rendimento com o professor.

Depois de vários ataques, Sophie ficou mais relaxada com os meninos. Ela recuou e voltou-se mais para suas qualidades e menos para seus defeitos. Estranhamente, os garotos responderam de forma positiva, e uma espécie de paz se instalou naquela casa.

Não quero dizer que foi tudo fácil. Foram muitas as vezes em que Sophie teve de se forçar a "baixar a prancha", ir para a outra sala, contar até dez vez por outra, ou mesmo tomar um cálice de vinho a mais.

A vida é muito mais fácil quando aprendemos a ver as coisas de uma perspectiva adequada. Estamos aninhados em nosso modo de vida e achamos que vamos sofrer se nem tudo estiver de acordo com o planejado. Adquirindo uma perspectiva mais ampla, somos capazes de ver que nossas catástrofes nem de longe são tão ruins. Nossa confiança depende muitas vezes da perspectiva que escolhemos.

Um livro maravilhoso, útil para se colocar as coisas em sua devida perspectiva, é chamado *The Diving-Bell and the Butterfly*. Foi escrito por um francês notável, Jean-Dominique Bauby (ver Leitura suplementar), que sofreu um derrame, e em decorrência disso o único músculo que conseguia mover era a pálpebra do olho direito.

Ele ditou esse livro usando apenas a pálpebra do olho direito! O feito por si só já é um assombro, chegando a ser ainda mais impressionante pela paixão e pelo otimismo de sua história de vida, que ele conta ali.

Quando você estiver xingando e vituperando contra as dificuldades da vida, sugiro que leia o livro de Jean-Dominique Bauby — é um ótimo meio para ajudá-lo/a a colocar as coisas em perspectiva.

Algumas pessoas sentem grandes dificuldades para tomar decisões. Elas avançam e retrocedem em suas escolhas, ficando frustradas, cansando e perdendo a confiança durante o processo.

O problema, muitas vezes, é que elas estão posicionando a prancha alto demais, supervalorizando a decisão que tentam tomar. Se reduzirmos a altura da prancha, a escolha fica muito mais fácil.

Em nossa mente seguimos mensagens, mensagens que nos têm sido ensinadas. É freqüente que as pessoas excessivamente voltadas para tarefas triviais, que lhes dão demasiada importância, quando crianças costumavam receber a seguinte mensagem: "você tem de fazer isso direito".

Essa mensagem não discrimina entre o que é importante e o que não é. O "fazer direito" é a medida do quanto a própria pessoa se valoriza — do quanto ela mostra sua aprovação por ter feito bem e do quanto se critica pelos seus erros. Por isso, os aspectos triviais da vida assumem um significado muito maior e a prancha é erguida desproporcionalmente.

Delitos leves ou erros dos filhos tornam-se incidentes da maior importância. A vida é levada muito a sério, e infortúnios corriqueiros viram catástrofes.

Albert veio até mim preocupado com o filho de 16 anos, Jonathan.

"Dr. Roet, estou muito preocupado com o Jonathan. Ele está no colégio interno, e o professor dele entrou em contato comigo para avisar que Jonathan estava com um problema, e o motivo era um roubo. Eu gostaria que o senhor falasse com ele e visse se pode fazer algo para evitar que ele siga por esse caminho."

"Ele havia roubado muitas vezes antes?"

"Não, foi a primeira vez, mas a gente nunca sabe até que ponto isso pode chegar."

"O que ele roubou?"

"Uma coca-cola e um doce de uma confeitaria!"

"Uma coca e um doce!! E você acha necessário que ele fale comigo por causa de uma coca e de um doce?"

"Bem, isso é roubar, não é?"

"Sim, concordo que é roubar e que ele não deveria ter feito isso, mas se o senhor o trouxer para conversar comigo por causa disso pode estar fazendo a coisa ficar maior do que ela é. Pode ter sido uma brincadeira de colegial que ele tenha feito junto com os colegas. O senhor não acha que poderia conversar com ele e ouvi-lo sem transformar o incidente num crime maior, procurando informar-se sobre o que o teria levado a pegar o doce e a bebida?"

Albert colocara o deslize de Jonathan numa categoria de crime maior, e isso lhe causara muita preocupação e aflição. Ele me ligou alguns dias depois agradecendo-me por ajudá-lo a pôr a experiência em perspectiva e contando que ele e Jonathan haviam tido uma conversa "de homem para homem" que fora bastante benéfica para ambos.

A maioria das decisões que tomamos na vida não têm *aquela* importância, capaz de nos deixar doentes durante o processo de decisão. Ao reduzir o valor e a importância de nossas escolhas, desperdiçamos menos energia verificando se tomamos a decisão certa.

Minha experiência me diz que a vida está sempre nos pregando peças e que, depois de todos os problemas que tivemos para chegar a uma decisão, algo pode acontecer mudando o quadro completamente.

Um sábio fazendeiro polonês estava trabalhando no campo quando um cavalo selvagem veio a galope, atravessou o seu portão e entrou no estábulo. O homem fechou o portão e continuou o seu trabalho.

Vieram os vizinhos, exclamando: "Você é mesmo um homem de sorte, um lindo cavalo, e apareceu assim, do nada."

O fazendeiro disse: "Talvez sim, talvez não... Na verdade, não sei."

Uma semana depois, seu filho de 18 anos saiu para cavalgar naquele cavalo, caiu e quebrou um braço. Os vizinhos vieram consolá-lo.

"Você está com azar mesmo. Seu filho com o braço quebrado, e tudo por causa daquele cavalo."

"Talvez sim, talvez não, na verdade não sei", veio a resposta tranqüila.

Duas semanas depois, o exército polonês passou por ali, recrutando soldados para a guerra. Todos os homens jovens tiveram de deixar a cidade para lutar, exceto o filho do fazendeiro, excluído por causa do braço quebrado.

Os vizinhos lastimavam-se e queixavam-se, vindo ter com o fazendeiro e dizendo "você é um homem de sorte etc."

Essa história traz uma perspectiva diferente quanto aos resultados. Quando relativizamos os valores das coisas podemos ver a natureza em ação, reduzir a pressão que nos impomos para tomar decisões e seguir com nossa tarefa de desfrutar a vida. E não importa a crise com que hoje nos defrontemos, um dia ela será apenas memória.

A crise que o jornal de hoje estampa servirá de embrulho para o nosso peixe com batatas amanhã.

Ativadores da confiança

- Caminhar sobre a prancha é um conceito que nos torna capaz de apreender as coisas em perspectiva. Muitas vezes nós ampliamos os problemas, o que torna difícil lidar com eles. Procure então fazer o exercício de caminhar sobre uma prancha imaginária, no chão. Sinta como é. Então sente-se e perceba o quanto seria mais assustador se você tivesse de caminhar sobre uma prancha entre dois arranha-céus.

- Pense em algumas situações nas quais você tenha tido uma sensação semelhante à do caminhar sobre a prancha entre dois arranha-céus. Agora mude a perspectiva, abaixando a prancha. Que importância terá aquela situação daqui a cinco anos? Qual seria o pior resultado e qual a probabilidade de ele vir a ocorrer?

24

Como aceitar a sua curva de evolução

Pessoas e animais são criaturas de hábitos. Reagimos a situações de modo parecido cada vez que as experimentamos. Temos nosso próprio *padrão* de resposta muito embora as situações individuais possam diferir em conteúdo. Nossa reação é parte da nossa natureza, e eu chamo essa reação de "curva de evolução".

A curva de evolução é uma representação gráfica do processo por que passamos para lidar com o que nos acontece. É um padrão habitual que usamos com (ou sem) êxito no passado e somos mais seus escravos do que o contrário.

Para alguns, essa curva de evolução é como um deslizamento de terra. Vêem-se lançados para baixo de maneira descontrolada e com medo, pensando "aonde vamos parar". A mente lhes prega peças, e seus pensamentos surgem-lhe à frente como um quadro-negro de desesperança. Eles sabem que isso é assustador e precisam desesperadamente de segurança.

Estar num deslizamento pela primeira vez é algo completamente diferente de qualquer situação futura. Depois da primeira vez em que o processo é vivenciado *conscientemente*, você conhece o resultado. Já esteve ali antes e sobreviveu. Da próxima vez o medo será bem menor por causa desse conhecimento.

Relembrar o caminho das experiências anteriores é algo que lhe dá a estabilidade e a segurança renovada de que você precisa. "Eu estive aqui antes e foi tudo bem" permite a infiltração de um fator de segurança. Isso significa que o resto da viagem pode ser feito com mais confiança, otimismo e realismo.

Uma curva de evolução clássica é a que se segue a uma perda pessoal. Isso pode acontecer em decorrência do rompimento de uma relação ou em caso de morte. Os passos seguem um padrão geral abarcando vários pontos na curva. Algumas pessoas se aferram a um ponto e não permitem que a curva da cura evolua.

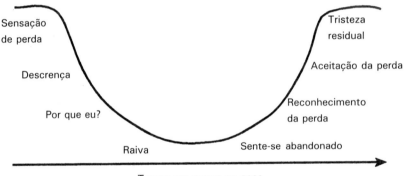

Para ilustrar os benefícios do uso do conceito de curva de evolução, contarei a história de Tony, um homem de negócios bem-sucedido. Tony é uma pessoa ansiosa (ver Capítulo 19, Técnicas de auto-ajuda) que me procura quando está em pânico por causa de alguma transação comercial. Ele se vê mergulhado em negatividade e pessimismo, desalento, fracasso e culpa.

Depois de algumas semanas, o empreendimento arriscado revela-se um sucesso, Tony supera sua crise e, como a paz e a tranquilidade voltaram ao seu mundo, fico sem o ver até a próxima crise.

Essa seqüência de acontecimentos tem ocorrido regularmente a cada dois ou três meses nos últimos anos, quase sempre com resultado satisfatório para as suas transações comerciais.

Peço a Tony para analisar algumas das situações passadas e representá-las numa "curva de evolução". E foi isso o que Tony produziu:

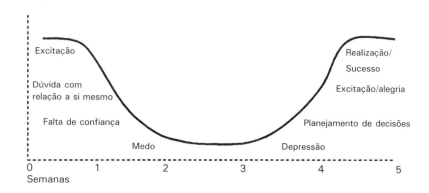

Para Tony, a curva se repete de forma quase idêntica sempre que há um desafio maior no seu trabalho. O fator tempo também se parece em todas as ocasiões.

O psicanalista Carl Jung disse que, em vez de tentar mudar nossos complexos, precisamos aprender a viver com eles.

Tony e eu discutimos sobre como ele poderia *aceitar* essas sensações como parte do processo, e vimos que esse processo fazia parte dele tanto quanto as suas impressões digitais. Não era o caso de mudá-las, simplesmente porque elas são imutáveis. Uma vez que o resultado costumava ser o sucesso, ele deveria "seguir o fluxo" e observar cada momento de crise como um ponto fluido na curva que conduz ao sucesso.

Pedi a Tony que reconhecesse que os estágios no seu gráfico não eram estáticos, mas parte do processo para chegar a um resultado positivo. Aceitando a curva como um todo e percebendo que alguns de seus estágios eram desagradáveis (mas não problemas), Tony começou a perceber suas várias "recaídas" como um incômodo a ser aceito, não como um problema a ser resolvido.

Ele afixou o gráfico no espelho do banheiro e passou a ver "o quadro como um todo" todas as manhãs. Ele percebia em que ponto da curva se encontrava e antecipava as semanas que estavam por vir antes de alcançar o estágio "da realização/do sucesso".

A curva da evolução de Tony tinha um resultado positivo. Ele percebeu que aceitar a curva, tanto quanto aceitava as suas impressões digitais, o permitiria chegar aonde queria.

A curva de evolução de Esther era diferente. Sua curva terminava onde ela não queria. Ela era uma professora de 40 anos que tinha enormes problemas de relacionamento. Havia sido casada duas vezes com homens que se revelaram completamente inadequados. Cada casamento durou cerca de dois anos e consistiu numa série de discussões, acusações e violência física.

Ela reconheceu que desempenhava um papel preponderante nos seus problemas de relacionamento, e um dos aspectos estava no modo como escolhia os seus parceiros. Além dos dois casamentos, ela tivera quatro relacionamentos duradouros, todos muito parecidos com seus casamentos. Ela se sentia atraída por homens que não combinavam com seu temperamento, sua atitude e seu modo de vida. Pedi a Esther que desenhasse sua curva de evolução desde o período anterior a um relacionamento até o seu término, prestando atenção aos componentes que influenciavam o formato da curva.

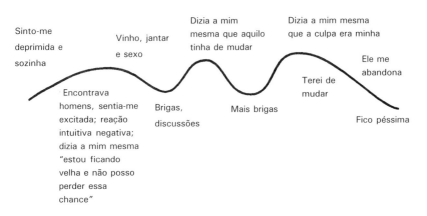

A curva de Esther *não* conduzia ao sucesso, e na verdade ela se sentia *pior* a cada encontro. Estudamos a curva juntos. Ela disse que achava aquilo parecido com cada um dos relacionamentos, incluindo os casamentos. Pedi a ela que observasse os pontos da curva que estavam mantendo o sistema, pontos esses que precisavam ser mudados para que ela chegasse a um resultado positivo.

Depois de pensar no que lhe sugeri durante o intervalo entre as visitas, ela voltou com quatro pontos que gostaria de mudar:

1. Prestar mais atenção na reação intuitiva que tenho por ocasião de todos os meus primeiros encontros com os homens.
2. Parar de repetir a conversa íntima "ele terá de mudar ou eu terei de mudar". Aceitar que ambas as coisas são improváveis.
3. Parar de dizer a mim mesma que eu estou ficando velha e não posso perder a chance. Fazer o melhor que posso para gozar a vida como ela é.
4. Parar de dizer a mim mesma que eu sou uma pessoa desesperançada. Caso eu sentir isso, devo dedicar tempo e esforço para fazer coisas que possam melhorar o respeito que tenho por mim mesma.

Esther decidiu traçar uma nova curva e afixá-la no seu espelho de maquiagem. Pedi a ela que me enviasse uma cópia, que era mais ou menos assim.

Eu me aceitarei como sou	Se eu encontrar um homem, serei honesta com ele	Estou certa de que não me tornarei uma vítima	Respeitarei a mim mesma, sempre
Atenção voltada para as boas coisas da vida	Vou confiar na minha intuição	Aceitarei, se não estiver dando certo, e o deixarei	Aprenderei com a relação

Muitas vezes ficamos ansiosos com o que está por vir. Se alguém puder descrever a estrada à nossa frente, nós nos sentiremos muito mais seguros e sob controle.

Um sábio médico que estava tratando das vítimas de um acidente à beira de uma estrada foi de grande ajuda ao acalmar a vítima ansiosa dizendo-lhe "a situação vai piorar um pouco antes de melhorar, mas tudo *ficará* bem no final".

Essas palavras renovadoras de confiança funcionaram como um apoio ao paciente nas semanas seguintes, quando ele precisou lidar com os altos e baixos resultantes do acidente.

Liz tinha problemas de peso. Ela fazia dieta havia anos. Comia de acordo com um rigoroso planejamento, perdia peso, sentia-se melhor, começava a mudar seu padrão de alimentação e ganhava peso novamente.

Conversei com ela sobre a sua dificuldade inata em perder peso. Há muitos fatores envolvidos, de forma que não se trata de um processo simples. A mente desempenha um papel tão importante quanto a boca.

Pedi-lhe que atentasse para a sua curva de evolução no que dizia respeito ao peso, e ela passou a semana seguinte grafando os pontos relevantes.

Aqui está o que ela traçou:

Os pontos que ela sentia como cruciais para a direção de sua curva eram A, B, C e D.

A. Sinto a necessidade de conforto e de comer
B. Digo a mim mesma "por que não?"
C. Engano-me dizendo "começarei a dieta amanhã".
D. Digo a mim mesma que a vida não é fácil e que mereço um pouco de comida.

Conversamos sobre dieta, perda de peso, e sobre a relevância dos quatro pontos acima. Ela concordou em que não poderia ter o bolo e comê-lo. Se quisesse perder peso, teria de aceitar o desconforto que isso ocasiona. Ela precisava decidir o quanto era importante que as roupas lhe servissem.

Ela pensou nessa questão durante uma semana e voltou determinada a cumprir o objetivo de perder peso, deixando de perpetuar a curva do "sobe e desce" que ela seguira durante anos.

Conversamos longamente sobre como ela poderia substituir A, B, C e D por algo que pudesse se adequar ao seu objetivo. Ela então decidiu:

A. Se eu sentir necessidade de conforto, comprarei um pequeno presente para mim.
B. Olhar para duas fotos que tenho de mim, uma em que eu estou gorda, e a outra em que estou magra.
C. Só comprar alimentos adequados ao padrão de alimentação que planejei.
D. A vida não é justa e eu quero estar magra.

Nos meses que se seguiram, Liz seguiu sua nova curva e a achou muito útil. Seu padrão de alimentação e seu peso flutuaram, porém numa fração apenas do que ocorrera até então.

A última vez que vi Liz eu lhe pedi que traçasse a curva útil seguida por ela, e ela traçou o seguinte:

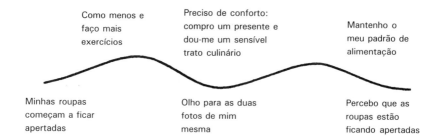

A curva de evolução pode ser útil de dois modos diferentes:

1. Se desde uma experiência passada até a atual seus padrões de hábito tiveram resultados positivos apesar dos pontos baixos pelo caminho, aceite-os e aprecie-os como parte de uma viagem que terminará em realização.
2. Se seu padrão conduz a um resultado indesejável, observe seus estágios e encontre alternativas para melhorar, fazendo com que a curva tenha um resultado positivo.

A vida se forma a si mesma, com a dureza do nosso controle, mas revela-se sábia ao final.

VITA SACKVILLE-WEST

Ativadores da confiança

- O conceito de curva de evolução implica que situações podem ser vivenciadas como parte de um *continuum*, e não de maneira estática. Aprendendo sobre o modo como experiências semelhantes foram resolvidas no passado, podemos deduzir o resultado provável de nossa situação atual.

  Escolha uma situação preocupante e lembre-se de situações parecidas e seus resultados. Você está se preocupando como se a situação presente não fluísse numa curva de evolução como a de antes? Existem alguns pontos na curva que você poderia mudar para melhorar o resultado?

- Muitas coisas se repetem em nossa vida — experiências no trabalho, nos relacionamentos, reação ao comportamento dos filhos etc.

  Escolha uma dessas situações repetitivas e grafe os fatores numa curva (veja o processo da curva de Liz). Se os resultados forem positivos, aceite a sua curva. Se forem negativos, observe seus pontos para melhorá-los.

25

Visualização criativa

Visualizar criativamente significa, na verdade, usar a imaginação de um modo criativo para lidar com dificuldades. Muitas pessoas formam imagens mentais para relembrar acontecimentos passados ou imaginar como serão as coisas no futuro. Essa capacidade é bastante útil, e de várias maneiras.

Essas imagens criam uma sensação (ver Capítulo 26, Nossos mundos interiores), e a técnica da visualização criativa consiste em ser consciente e usar o liame existente entre imagens internas e emoções.

A seqüência de eventos é a seguinte:

1. **Você tem uma sensação** – felicidade, tristeza, medo, culpa, raiva etc. Essa sensação pode ser circunscrita a alguma parte do corpo. Por exemplo, uma pessoa que sente medo pode reclamar de "um frio na barriga"; se estiver em pânico, pode sentir um aperto no peito.
2. Imagine-se **entrando na sensação**, estando dentro de seu corpo lá onde a sensação reside.
3. Imagine **como se pareceria a sensação**.

Assim, você terá uma representação visual da sensação.

A partir de então a pessoa com "um frio na barriga" pode realmente imaginar alguma coisa fria em sua barriga, que lhe causa a sensação; o aperto no peito em decorrência do pânico pode parecer uma corda com um nó apertado.

4. O passo seguinte é pôr-se dentro da sensação e perceber qualquer outro aspecto da imagem – sons, temperatura, peso ou leveza, movimento, lembranças associadas.

   Todas essas observações estão *dentro da sensação*, não estando relacionadas nem com a realidade nem com a lógica. É um processo imaginário semelhante a um sonho, e os sonhos não costumam ser lógicos segundo os padrões do dia-a-dia.

5. Uma vez conhecendo tudo sobre a sensação, você poderá pensar em decidir se gostaria de melhorá-la, alterá-la, reduzi-la ou mudá-la de alguma forma.

   Isso pode ser feito alterando algum dos componentes discutidos no item 4. O conceito assemelha-se à mudança da paisagem ocasionada pela mudança da cor do céu do cinza para o azul.

6. Essa alteração de componentes levará a uma alteração na emoção. Assim, é possível transformar um tímido sentimento de auto-consciência num sentimento em que a confiança seja maior.

   Esse processo não é simples nem direto, e você será levado a direções diferentes à medida que for seguindo o seu caminho. O único limite real estará em sua criatividade e capacidade de ser flexível e pensar em outras alternativas.

Alguns exemplos clínicos ilustrarão o processo.

> Delia é uma estudante de artes de 25 anos. Ela veio até mim em estado de pânico; achava que não conseguiria ingerir ar suficiente para seus pulmões. Estava sempre tentando respirar mais profundamente, e com o passar do tempo ficava cada vez mais ansiosa.
>
> Delia consultara o seu clínico geral, e alguns testes comprovaram que seus pulmões estavam completamente normais – a quantidade de ar ingerido era plenamente satisfatória.

O médico tentou tranqüilizá-la, mas não conseguiu; então, encaminhou-a a mim.

"Como você descreveria essa sensação de falta de ar, Delia?"

"É uma coisa assustadora. Fico mesmo em pânico, como se estivesse para morrer."

"E como é essa sensação em seu corpo?"

"É como se o meu peito estivesse apertado e comprimido."

"Eu gostaria que você fizesse uma coisa um pouco estranha...

Que fechasse os olhos e imaginasse estar dentro do seu peito, perto dessa sensação. Eu gostaria que você me contasse como ela se parece."

Delia fechou os olhos e ficou sentada, em silêncio, por um ou dois minutos.

"É escuro, e eu só consigo me ver deitada. Pareço muito pálida e não estou respirando. É muito assustador... Talvez eu esteja morta."

"Não é de estranhar que você sinta pânico se está com imagens como essa em seu peito. Como você acha que essa imagem foi parar ali?"

"Não faço a menor idéia. Não gosto dela, ela me deixa toda arrepiada."

"Algo está projetando essa imagem no seu peito. Olhe para trás e verifique se pode ver o projetor."

"Sim, eu posso."

"Vá para atrás dele e veja quem o está manipulando."

"Há um homem de aspecto asqueroso ali."

"Pergunte-lhe por que ele está mostrando imagens tão horríveis."

"Ele diz que é porque eu fui má."

"O que você gostaria de fazer com esse homem e com as imagens?"

"Eu gostaria de me livrar dele e ter outra pessoa manipulando o projetor, mostrando imagens saudáveis."

"Tudo bem, faça-o agora. Faça-o no seu tempo, e avise-me assim que tiver feito a alteração."

Delia permaneceu sentada em silêncio, com os olhos fechados, por uns cinco minutos. Então sorriu um pouco.

"Pronto. Ele se foi, e agora é um amigo meu quem está manipulando o projetor. Ele concordou em projetar imagens saudáveis em meu peito, imagens que correspondam aos relatórios e testes do médico."

"Está bom. Quando estiver pronta, mantenha essa sensação saudável, boa, e abra os olhos."

Delia abriu lentamente os olhos e espreguiçou-se.

"Foi impressionante. Eu pude ver mesmo essas coisas. Senti-me um pouco tola falando em homens estranhos em meu peito. Quem era aquele homenzinho asqueroso?"

"Na verdade não sei. Mas isso não importa, agora que ele foi substituído por uma pessoa mais adequada. Eu gostaria que você dedicasse dez minutos todas as noites, antes de dormir, para verificar se o novo projecionista ainda está operando o equipamento, mostrando-lhe aquelas imagens saudáveis. E vejo você daqui a duas semanas."

Delia cancelou a consulta seguinte alegando estar se sentindo muito bem. Não teve mais ataques de pânico, e tudo estava bem com relação às imagens em seu peito.

Barry tinha dez anos, e há dois, desde que seus pais haviam se separado, ele passava um fim de semana com o pai a cada 15 dias. Nos últimos meses ele estava se sentindo muito infeliz, chorava muito e queria passar *todos* os fins de semana com o pai.

Sua mãe veio até mim preocupada com a mudança de Barry. Explicou que, por diversas razões, não seria possível que ele visse o pai todos os fins de semana.

Imagine o que você sentiria...

Falei com Barry e ouvi o que ele tinha a dizer. Ele chorava só em falar em ter de deixar o pai. Ele não sabia dizer por que ocorrera aquela mudança nos seus sentimentos.

"Como você se sente ao ter de deixar o seu pai?" perguntei-lhe.

"Fico muito triste", disse ele, com lágrimas brotando dos olhos.

"Em que parte essa tristeza se encontra? Em que parte do seu corpo?"

Ele apontou para o estômago.

"Você poderia entrar ali e contar-me o que vê?"

"Vejo uma imagem triste. Tenho uma sensação de tristeza por estar deixando o papai e por sentir a sua falta."

"Sua mãe me disse que não é possível que você o visite todas as semanas. Sendo assim, de que modo vê-lo a cada 15 dias poderia fazer com que você se sinta melhor?

"Sim, por favor. Eu não gosto dessa sensação. Não gosto de chorar. Isso deixa mamãe preocupada, além de desperdiçar o tempo que passo com papai."

"Gostaria de colocar ali uma imagem feliz em vez da que é triste?"

"Acho que colocarei uma imagem em que eu esteja de novo com papai, passadas as duas semanas."

"Isso parece bom. Avise-me quando já estiver com a imagem."

"Não demorou muito para Barry substituir a imagem triste por uma feliz. Pedi a ele que se certificasse da permanência da imagem feliz em seu estômago, e disse que ele deveria voltar dentro de um mês.

Quando vi Barry de novo, ele já estava muito melhor. Sua mãe contou que ele havia mudado bastante. Esperava ansiosamente para ver o pai, sem mais aquelas cenas e importunações para visitá-lo a cada semana. Barry não quis contar à mãe sobre as imagens em sua barriga; ela disse que, não importando o que fosse, algo havia feito milagres.

Pessoas com baixa autoconfiança freqüentemente têm dificuldades para tomar decisões. Há muitas razões para que seja assim: elas não pensam em suas próprias necessidades, estão preocupadas com o que os outros vão pensar, têm medo de cometer erros e "erguem a prancha" exagerando a importância da decisão.

Muitos clientes dizem, "Se eu não sei o que eu quero, como posso decidir o que fazer?" O medo e a ansiedade são o combustível das dificuldades, e às vezes essas pessoas são incapazes de decidir até mesmo sobre as coisas mais triviais: "Será que eu deveria tomar chá ou café? Devo ir cortar cabelo hoje ou amanhã?"

Uma técnica de visualização que tem se revelado útil é a "técnica dos caminhos". Os seus passos são os seguintes:

1. Sente-se em silêncio com os olhos fechados.
2. Imagine-se caminhando por um agradável caminho no campo.
3. Imagine-se chegando a um cruzamento no qual o caminho se divide em vários caminhos. (O número deles é igual ao número de escolhas envolvidas na decisão a tomar.)
4. Imagine-se tomando o primeiro caminho (que representa uma das escolhas) em direção ao futuro por um certo período (dias, semanas, meses ou anos, dependendo da decisão).
5. Visualize as vivências que você terá ao fazer essa escolha.
6. Depois de algum tempo, deixe lá a pessoa (que fez a escolha) e volte para o cruzamento.
7. Siga o próximo caminho (uma segunda escolha) de modo semelhante, vivenciando o que acontecerá se você fizer essa escolha.
8. Deixe lá aquela pessoa, e se houver mais escolhas, escolha outros caminhos.
9. Ao completar as escolhas, pare no cruzamento e olhe para o "futuro você" em cada caminho.
10. Escolha qual "futuro você" você gostaria de ser e use o caminho correspondente para chegar lá.

Perceba que se houver duas escolhas A e B, você terá três opções:

1. Decidir-se por A.
2. Decidir-se por B.
3. Não tomar nenhuma decisão por enquanto.

Terence era um jovem de 26 anos que trabalhava para um escritório de advocacia. Ele estava infeliz ali, mas é que haviam lhe prometido um cargo que lhe daria estabilidade econômica.

"Realmente não sei o que fazer. Sou casado e tenho um filho pequeno. Se eu deixar o escritório e for para o interior, e é o que eu gostaria de fazer, posso ficar entediado e certamente não ganharei muito. Na empresa em que estou hoje, tenho uma garantia. Se a deixar estarei assumindo um risco. Realmente não sei o que fazer."

Conversei sobre a técnica de tomada de decisão com Terence, e ele concordou em tentar.

"Limite-se a fechar os olhos e relaxar durante aproximadamente um minuto. Quando estiver pronto, imagine-se trilhando um caminho agradável, no campo. Quando puder ver a cena com seu olho mental, faça um aceno com a cabeça."

Terence acenou.

"Agora imagine o caminho seguindo reto à sua frente — indicando a sua permanência no emprego atual, e também uma ramificação à direita. Imagine que está prosseguindo adiante por esse caminho, pelos próximos dez anos. Quando você chegar aos 36 anos, acene com a cabeça.

Quando Terence acenou, eu disse: "Bem, deixe esse Terence ali e volte para o cruzamento. Dessa vez, tome a estrada à direita, aquela que representa Terence mudando-se para o interior. Permaneça nela por dez anos, vivenciando o que aconteceria se você optasse por isso. Chegando aos 36 nessa estrada, acene com a cabeça."

Algum tempo depois, ele acenou novamente.

"Bem, deixe esse Terence ali e volte ao cruzamento. Olhe para a frente, para os dois Terences, um em linha reta à sua frente, continuando no escritório de Londres, e o outro à direita, mudando-se para o interior. Observe ambos por um momento, procurando perceber o que você vê e como se sente. Quando estiver pronto, volte lentamente para a sala e abra os olhos."

Instantes depois, Terence abriu os olhos e disse: "Foi ótimo. Eu vi tudo claramente. O caminho em linha reta à minha frente parecia o mais infeliz. Ele tinha uma casa grande, mas trabalhava o tempo todo. Já no outro, à direita, ele estava sentado diante da lareira, rindo. Tinha filhos à sua volta e parecia muito feliz. Sentia-se muito melhor do que o outro."

"Bem. Eu sugiro que você acrescente essa experiência a todas as outras informações que você tem reunido para ajudá-lo na decisão."

Terence decidiu se mudar para o interior. Lá ele vive feliz, sente que fez a escolha certa. Quando vem a Londres, a negócios, visita-me esporadicamente e diz que não vê a hora de voltar para o interior.

A transformação das sensações em imagens não é uma tarefa difícil. Ela requer um tempo em silêncio, uma atitude mais de permiti-la do que de fazê-la acontecer, a capacidade de suspender suas crenças e aceitar quaisquer imagens fantásticas e maravilhosas que possam aparecer, e a criatividade de substituir algumas imagens por outras que produzam melhores sensações.

As imagens interiores são por vezes cenas, pessoas, cores, formam túneis, desenhos etc. Seu valor está em aceitar tudo o que aparecer. A criatividade é importante para que possamos nos eximir da lógica e do controle.

Uma mudança sutil no seu caleidoscópio emocional produzirá uma avaliação melhor do mundo exterior.

Ativadores da confiança

- Nossos sentidos contam-nos o que está acontecendo dentro e fora de nossos corpos. Dois deles são a sensação e a visão. É possível converter uma na outra – ver uma coisa maravilhosa ser convertida numa sensação de felicidade. Também somos capazes de fazer o contrário – converter uma sensação numa imagem. É a chamada visualização criativa.

  Em silêncio, sente com os olhos fechados e lembre-se de uma sensação agradável que tenha ocorrido recentemente.

  Procure perceber em que parte do seu corpo está a sensação, e faça com que sua mente a converta numa imagem. Como é a imagem?

  Faça o mesmo com diversas sensações, tanto as positivas como as negativas, e com isso você começará a conhecer o seu "mapa emocional".

- Escolha uma emoção desagradável que você tenha experimentado recentemente e outra que lhe teria sido mais agradável naquela mesma situação. Por exemplo, outro dia eu me senti incomodado porque certa pessoa disse que tornaria a me ligar. Como ela não o fez, fiquei mais calmo.

  Repita o exercício acima para localizar e visualizar essas sensações. Amplie a imagem positiva e reduza a negativa.

  Imagine a situação acontecendo novamente, dessa vez com uma grande imagem positiva representando a sensação que você preferir.

  Repita o exercício até se formar um padrão de hábito em que a sensação agradável ocorra em resposta à situação.

26

Nossos mundos interiores

Sempre que recebemos informação ou temos uma experiência, nós a processamos em quatro estágios:

1. **A experiência em si mesma.** Pode ser um pensamento ou emoção externa ou interna.
2. **Nosso mundo interior.** É uma estrutura complexa composta de memórias, pensamentos, sensações, instintos, energia, imagens e palavras internas, sistemas de crenças e processos analíticos.
3. **Uma resposta interna.** É uma forma de pensamento, uma sensação, uma decisão.
4. **Uma reação externa.** Envolve um resultado de comportamento ou atitude.

Essa seqüência de eventos ocorre com bastante rapidez e costuma se situar além de nossa compreensão consciente até que ocorra a reação externa 4.

A parte mais crucial desse processo é o estágio 2, "nosso mundo interior", já que ela dita o resultado. *Interpreta* a experiência em grande parte da mesma forma que uma comunidade altamente integrada reage a um forasteiro. A comunidade pode saudá-lo como amigo, recebê-lo como convidado ou rejeitá-lo como intruso.

Uma pessoa que passou por muitas experiências traumáticas no passado pode acabar criando um mundo interior protetor e voltado para a sobrevivência. Esse complexo conterá um conselho incitando à cautela e à fuga. O diálogo interno pode ser: "Não faça isso; tenha cuidado; preste atenção nele/não o perca de vista; tome cuidado ao ir naquele lugar etc."

Qualquer informação que chegue ao mundo interior será conduzida pela cautela, pelo medo e pela preocupação.

No entanto, havendo experiências positivas e bem-sucedidas no passado, um mundo interior seria criado com base na posse de comentários exploratórios de apoio e sensações de confiança que resultariam numa atitude "por que não tentar?".

Na verdade, nosso mundo interior divide-se em muitos mundos interiores, cada qual talhado para reagir a situações específicas. Alguns são mais úteis do que outros, e é importante que direcionemos experiências ao longo desses mundos mais bem-sucedidos para que possamos lidar mais adequadamente com elas.

Se lutamos para ter domínio sobre uma parte específica de nossa vida, podemos produzir esforços que se revelaram úteis em outra área.

Se representamos a seqüência de acontecimentos:

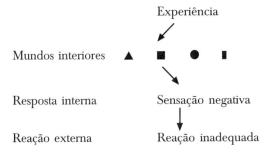

Podemos ser capazes de alterar a seqüência para:

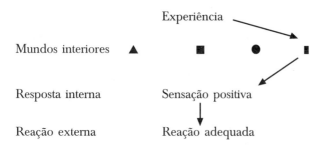

Por exemplo, Don, homem de negócios de 40 anos, era um atormentado. Lidava com suas experiências da seguinte forma:

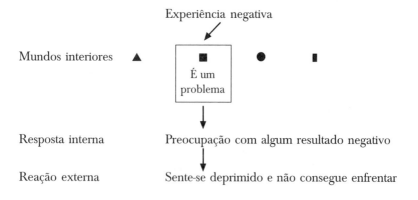

Depois de discutir as alternativas, Don dedicava tempo e esforço para melhorar sua resposta:

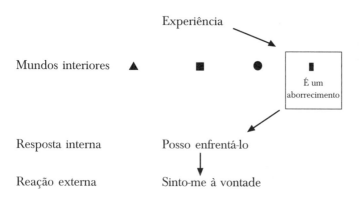

Don já tinha o conhecimento, e tudo o que ele precisava era transportar esse mecanismo de processamento do mundo interior do "atormentado com problemas" para o mundo interior do "não passa de um incômodo", e o resultado seria muito melhor.

A máquina de fazer salsicha

Algumas pessoas parecem ter apenas uma forma de mundo interior, um modo de interpretar os fatos com os quais se defrontam. Costumo dizer que essas pessoas têm um mundo interior do tipo "máquina de fazer salsicha". Isso porque, não importando as suas experiências, o resultado será sempre o mesmo.

Podíamos comparar o processo com o preparo de uma refeição. Se tudo o que estiver disponível for uma máquina de fazer salsicha, então o resultado serão salsichas, quer o ingrediente inicial seja filé, quer seja carneiro. Com pessoas do tipo "máquina de fazer salsicha", porque essas carecem de uma diversidade de mundos interiores, a resposta será sempre a mesma.

Se a culpa é o seu principal componente interior, sentem-se culpadas não importa quais sejam as circunstâncias. Se a raiva é o aspecto principal, encontram alguma razão para sentir raiva, mesmo que tudo pareça estar correndo às mil maravilhas.

Uma vez que a vida tem toda uma multiplicidade de experiências para nos oferecer, a posse de um único mundo interior faz com que nos seja difícil gozar da diversidade que temos à disposição.

Para a maioria de nós há muitos mundos interiores, cada qual processando informações de um modo sutilmente diferente, devido aos diversos componentes que constituem a estrutura complexa de cada mundo interior. O que importa é que a estrutura de processamento seja adequada à informação recebida.

Jeremy estava com seus 40 e poucos anos, e operava computadores numa pequena empresa. Sua infância fora dominada por um pai crítico e opressivo. Ele veio até mim em busca de ajuda para problemas relativos a ataques de pânico que lhe acometiam sempre que ele tinha de tratar com seu chefe no trabalho.

Jeremy disse-me que se sentia realmente bem na presença de seus amigos e colegas de trabalho, mas entrava em pânico quando em contato com uma figura de autoridade.

Discuti com ele o conceito de mundo interior, e também lhe pedi que esboçasse um diagrama de dois de seus mundos — um de quando ele estava com seus amigos e colegas de trabalho, o outro de quando estava em companhia de seu chefe. Ele apareceu na sessão seguinte com os seguintes diagramas:

Com meus amigos e colegas de trabalho a seqüência foi a seguinte:

Experiência Estou almoçando com alguém

↓

Meu mundo interior consiste em:

> *Imagens* — posso me ver feliz e relaxado
> *Palavras* — digo para mim mesmo, "são meus amigos e gostam de mim".
> *Sensações* — sinto-me à vontade e com o peito relaxado

↓

Resposta interna Sinto-me completamente bem

↓

Reação externa Tenho uma atitude confiante e comporto-me de maneira relaxada e natural. Sinto que esse é meu verdadeiro eu.

Com o chefe a seqüência foi a seguinte:

Experiência Estou no escritório do chefe e ele está falando comigo.

↓

Meu mundo interior consiste em:

> *Sensação* — sinto-me descontrolado; sinto um tremor e uma tensão no estômago, um pouco como quando eu era jovem
> *Palavras* — digo para mim mesmo que não devo me fazer de tolo quando ele ficar irritado. Pergunto-me, "meti-me em algum problema; fiz alguma coisa errada?" Às vezes tenho *flash-backs* de experiências passadas em que eu ficava com medo e perdia o controle.

↓

Resposta interna Sinto medo e pânico no estômago

↓

Reação externa Entro em pânico e as palavras não chegam a sair de minha boca como deveriam. Eu seco e não digo o que eu gostaria de dizer. A confiança foge-me completamente.

Conversamos, eu e Jeremy, sobre esses dois mundos interiores, sobre como se relacionavam e como poderíamos melhorar o seu modo de reagir ao chefe. Jeremy contou que o chefe era um homem agradável e que jamais o havia destratado, razão pela qual ele não conseguia compreender por que sentia tanto pânico quando em presença dele.

Estávamos de acordo quanto ao fato de ele ter um mundo interior forte e positivo no trato com os amigos, e pensamos em meios pelos quais ele pudesse usar essa capacidade para lidar com chefe. Ele se deu conta de que era o seu modo de *perceber* a experiência que determinava qual mundo interior a processaria.

A conclusão a que Jeremy chegou era a de que se ele pudesse mudar a perspectiva de seu chefe de "figura de autoridade" para "amigo", o mundo interior usado para processar as experiências passaria do segundo para o primeiro.

"Acho que não conseguirei fazê-lo", disse ele pensativamente. "De que modo poderei ver meu chefe como um amigo?"

"Eu acho que seria possível", respondi. "Para as próximas semanas, procure se voltar para os aspectos humanos dele, pense nele como um pai de família, cuidando de seu jardim, fazendo o mesmo que seus amigos fazem em casa. Lembre-se das vezes em que ele foi legal — amigável com você. Construa uma biblioteca de imagens e palavras que o descrevam como um homem normal como você."

Nas semanas seguintes, Jeremy construiu uma imagem do tipo "retrato falado" do seu chefe como um ser humano normal, e à medida que o fazia, diminuía o seu pânico. Algum tempo depois, o mecanismo do processo passou de:

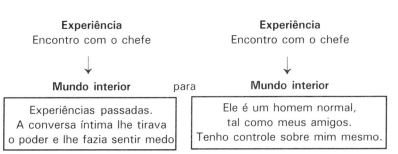

Seis meses depois, recebi uma carta de Jeremy na qual ele contava que conseguira almoçar com seu chefe e que se passara quase como quando saía com os amigos.

Temos os instrumentos para lidar com a maior parte das situações. O problema é que muitas vezes não temos acesso a eles.

Algumas pessoas estão aprisionadas num mundo interior da proibição, do medo, da culpa ou da preocupação, e ficam limitadas por esses elementos aprisionadores, incapazes de usar mundos positivos que pudessem lhes servir de maneira mais bem-sucedida. À medida que as experiências são desviadas para a sua prisão interior, tais pessoas vêem-se enredadas em negatividade, com resultados desastrosos.

Por outro lado, os mundos interiores das pessoas confiantes fornecem-lhes todos os pensamentos e emoções necessários para que a confiança se crie. Mesmo acontecendo erros e falhas, o mundo interior consegue amparar a pessoa, de modo que a confiança nela mesma permanece intacta.

De certa forma, seu mundo interior está agindo como seu melhor amigo (ver Capítulo 27, Como ser seu melhor amigo), dando apoio e compreensão para ajudá-lo/a a enfrentar os altos e baixos que naturalmente ocorrem na vida. Desafios são aceitos com auxílio e encorajamento que vêm de dentro. Desenvolve-se um padrão posto em prática quando a situação o requer.

Um amigo meu, que passou por muitas tragédias na vida, ainda consegue ter otimismo e confiança. Explicou-me que sua atitude era: "Se alguma coisa está errada na minha vida, digo para mim mesmo que isso se deve a fatores *externos*. Se alguma coisa vai bem, digo para mim mesmo que isso se deve a *mim*."

Rosie tinha uma visão bastante positiva da vida. Estava quase sempre feliz, levando a vida com seus três filhos, com o trabalho e com o marido ocupado. Ela veio até mim com o propósito de parar de fumar, e nossa conversa acabou se desviando para o seu mundo interior.

Ao analisá-lo ela o descreveu com palavras, imagens e sensações alentadoras e positivas, que criavam uma resposta otimista à maioria dos acontecimentos de sua vida.

"Se alguma coisa dá errado, se um de meus filhos fica doente, eu imagino como será quando ele ficar bom", observou, enquanto pensava em seu mundo interior. "É um lugar encantador e brilhante, a gente se sente bem lá, e eu fico me recordando de uma porção de momentos e de pessoas felizes. Tive uma infância realmente boa: papai e mamãe foram excelentes para mim e meu irmão."

"Como você acha que o seu mundo interior lida com as coisas?", perguntei.

Ela pensou um pouco e olhou para o teto.

"Ele me ajuda muito. Como um amigo que é, ele me dá bons conselhos, acho que é equilibrado e vê o lado bom das coisas e das pessoas."

"Você chega a ficar para baixo ou deprimida?"

"Ah, sim, certamente, mas sempre sei que isso não dura. É como se eu estivesse num túnel, mas no fim dele consigo ver a luz, e por isso não é tão ruim assim. E tudo sempre acaba bem. Meu marido é muito prestativo, e conversamos muito sobre todos os problemas que aparecem."

"Como é para você não conseguir parar de fumar?"

"Na verdade não sei. É uma coisa que me incomoda, está fora de meu controle e isso me deixa louca. Eu me preocupo em como isso afetará as crianças, e meu marido também se preocupa. Mas eu sei que ele pode me ajudar."

"Tudo bem se usássemos a hipnose para ajudar o seu mundo interior a parar de fumar?"

Ela sorriu. "Sim, seria bom mesmo, eu preciso de alguma coisa. Sei que posso fazê-lo, mas só preciso de alguém que me ajude."

"Tudo bem, feche os olhos e relaxe um pouco, concentre-se em sua respiração e sinta-se deixando-se levar em direção ao mundo interior que a ajuda a resolver problemas e superar obstáculos."

Entramos então em processo hipnótico para ajudar Rosie a atingir um estado de relaxamento profundo.

"Agora que você está completamente relaxada, eu gostaria que você escolhesse algumas partes de seu mundo interior que pudessem ajudá-la a se tornar uma não-fumante, alguém que respirasse livremente. Refiro-me a partes que a encorajem positivamente e que indiquem que você tem a capacidade de não fumar, já que a teve em seus primeiros 16 anos de vida. Entre em seus pulmões e perceba como eles se sentirão quando você estiver respirando ar puro em vez de fumaça, alcatrão e nicotina. Esteja consciente de que seus pulmões são seus amigos e dão duro mil vezes por dia para mantê-la saudável. Veja-se a si mesma habitando com sua família uma região saudável e livre de fumaça, e vivencie a sensação gostosa de não se sentir culpada e esconder coisas de seus filhos. Use seu mundo interior positivo para processar essas coisas e ajude-se a voltar a ser uma pessoa de respiração livre."

Rosie ficou sentada em silêncio, com os olhos fechados e com uma atitude de atenção voltada para dentro de si por cerca de vinte minutos. Estava fazendo seu próprio trabalho e não precisava de minha interferência.

Eu disse calmamente: "Quando você vier a saber — e cada uma de suas partes o saberá — que você, a partir de agora, é uma pessoa de respiração livre, por favor faça um aceno com a cabeça."

Ela acenou lentamente com a cabeça.

"Quando você estiver pronta, deixe-se levar lenta e confortavelmente de volta para a sala e abra os olhos."

Ela permaneceu imóvel por alguns instantes, e então abriu os olhos pouco a pouco e espreguiçou-se. Sorriu e disse: "Foi ótimo. Eu vi mesmo o meu mundo interior, que era brilhante, alegre e cheio de cores. Vi meus pulmões empastados com o negrume da nicotina — foi desagradável — e tive uma sensação bastante forte de que era hora de parar de envenená-los. De certo modo sei que o farei e que talvez não seja tão difícil quanto eu pensava. Uma das mensagens que eu recebi foi a de que "chegou a hora de parar".

Rosie parou de fumar. Ela usou seu mundo interior positivo para, de modo muito mais fácil do que a maioria, fazer a transição de fumante para pessoa de respiração livre. Sua confiança e sua atitude positiva de que as coisas mudam para melhor ajudaram-na nessa difícil tarefa.

Podemos usar o conceito de nossos mundos interiores para aprender a processar nossas experiências. Ter a capacidade de lidar com algumas coisas significa que talvez seja possível usar essa mesma capacidade para lidar com outras coisas mediante um processo parecido.

Muitas vezes, quando clientes vêm até mim e conversamos sobre seus problemas e sobre o modo de resolvê-los positivamente, a observação que fazem é a seguinte: "Na verdade eu já sabia disso, só que eu não sabia que sabia."

São pessoas que estão entrando em contato com mundos interiores que já estavam trabalhando para elas em outras áreas de suas vidas.

As coisas não são nem boas nem ruins
Mas o pensar as torna assim.

SHAKESPEARE

Ativadores da confiança

*   O conceito de mundos interiores descreve o modo como processamos experiências, sejam elas exteriores ou interiores, como pensamentos ou sensações. O mundo interior é complexo, compondo-se de lembranças, palavras, pensamentos, instinto etc.

    Escolha uma experiência que acontece repetidas vezes como ir ao trabalho ou fazer uma refeição. Pense nos componentes internos implicados, que criam a reação externa — pensamentos, sensações, experiências passadas. Dessa forma, você está começando a adquirir consciência de seu "mecanismo processador" — do modo como você lida com experiências simples repetidas.

*   Escolha uma situação em que a reação externa seja imprópria à situação; por exemplo, porque o ônibus está atrasado, você se enraivece e transpira.

    Escolha outra situação em que o seu método para enfrentá-la seja razoável; por exemplo, o seu chefe está atrasado e você aceita isso.

    Agora, estude os mundos interiores que estejam implicados e invente meios de alternar imagens, mudar palavras, melhorar perspectivas (ver Capítulo 23, Caminhar sobre a prancha) para converter a primeira situação na segunda resposta.

    Faça-o com uma variedade de situações nas quais você gostaria de melhorar o seu mecanismo de enfrentamento.

27

Como ser seu melhor amigo

Eu estava conversando com uma amiga sobre as coisas que a ajudaram a melhorar sua confiança. Ela disse que a coisa mais importante de que conseguia se lembrar remontava aos seus 19 anos (naquele momento ela estava com 35), época em que estava deprimida por causa do término de um relacionamento, quando percebeu que estava falando consigo mesma como se ela fosse duas pessoas, um "eu" e um "mim".

"Eu estava dificultando as coisas para *mim mesma*. Eu estava *me* condenando pelo que acontecera, condenando-me, criticando-me e punindo *a mim mesma*.

Percebi que eu não me comportaria daquela forma com nenhuma de minhas amigas, e isso de repente me deu uma luz — a partir de agora, pensei, *"serei minha melhor amiga"*.

E ela se tornou sua melhor amiga e o tem sido desde então, com resultados surpreendentes.

"Hoje sou mais feliz, uma pessoa mais fácil de conviver. Tenho tido mais sucesso naquilo que faço, e coisas boas me têm acontecido. A vida é bem menos que uma luta uma vez que estou sempre ali para me apoiar nos tempos difíceis."

Há uns poucos fatos imutáveis sobre à vida adulta.

1. Precisamos assumir a responsabilidade por nossas ações.
2. Nossas ações e atitudes têm resultados.

Isso não significa que *causamos* as nossas dificuldades, e sim que precisamos assumir a responsabilidade por elas, para que possamos mudá-las se quisermos.

Muitas vezes, pergunto a meus clientes:

P. "Quem é a pessoa mais importante para você?"
R. "Minha esposa."
P. "E depois?"
R. "Meus filhos."
P. "E depois?"
R. "Meus pais."
P. "E depois."
R. "Meu melhor amigo."

Então eu pergunto, "E quanto a você?" Eles olham para mim com estranhamento e dizem: "Ah, eu não sabia que você estava se referindo a mim. Eu não tinha pensado nisso. Esqueci completamente."

"Sim. É exatamente por isso que faço a pergunta. Você está sempre se esquecendo de si mesmo. É por isso que você passa por tantas dificuldades."

Você é a pessoa mais importante de sua vida. Terá de viver com você mesmo até morrer. Outros podem ir e vir, mas você ficará consigo até o fim.

Se você se tratar mal, como um ser inferior, como uma pessoa sem valor, esta viagem chamada vida será muito mais difícil. Mas se você se tratar como amigo, a viagem será mais agradável e gratificante.

Muitos leitores podem estar dizendo, "mas isso é tão egoísta; fui criado para ser modesto e anular-me. Disseram que eu não seria amado se fizesse coisas assim" (Ver Capítulo 28, Apologia do egoísmo). Concordo que é preciso haver um equilíbrio. Mas quando clientes olham para o seu cachorro como sendo mais importantes do que eles próprios, acredito que o equilíbrio já passou longe do ponto ótimo.

Ser você mesmo o seu melhor amigo é fácil e difícil ao mesmo tempo. Fácil porque você sabe como fazer, difícil porque isso requer esforço para mudar antigos hábitos.

Tudo o de que você precisa é comportar-se consigo mesma do mesmo modo como você se comportaria com o seu melhor amigo.

Tudo o de que você precisa é comportar-se consigo mesmo da mesma forma como você se comportaria com o seu melhor amigo se ele estivesse na sua situação. Isso em poucas palavras!

Se você o valorizaria, bem como a suas necessidades, então faça a mesma coisa com você. Se cuidaria dele e o apoiaria em tempos difíceis, então faça a mesma coisa com você. Se o elogiaria e congratularia por ocasião de seus êxitos, então... etc.

Para isso você precisa se dar uma comodidade essencial — *o seu melhor* tempo; tempo para você refletir e tratar-se como amigo. Exatamente da mesma forma como você precisa passar um tempo qualitativo com o seu amigo.

Na verdade, é tudo muito simples. Não há nada complicado no que estou sugerindo. Não é preciso procurar por eventuais riscos, problemas ou planos secretos. Há somente dois requisitos:

1. A decisão de ser o seu melhor amigo.
2. Sê-lo, simplesmente.

Um modo prático de aprender a ser seu melhor amigo é a chamada "técnica do espelho".

Sempre que olhar no espelho, permaneça ali um pouco mais "falando consigo mesmo". Essa conversa deve assumir a forma de aprovar, gostar e admirar "você no espelho".

Aprender a "ficar cara a cara" e conversar, como se faz com um amigo, com a imagem que você vê. Use palavras encorajadoras no que diz respeito ao dia que você tem pela frente, ou palavras elogiosas no que se refere às 24 horas passadas.

Dessa forma, você estará imitando uma conversa íntima positiva que será continuidade durante todo o dia. Aproveite bem o tempo quando precisar se olhar no espelho ou dê-se cinco minutos ao dia só para falar com seu amigo no espelho.

Voltemos aos dois pontos que mencionei acima:

1. Nossas ações e atitudes têm resultados.
2. Precisamos assumir a responsabilidade por esses resultados.

Imagine as trajetórias de vida de duas pessoas diferentes.

> Jim realmente se odeia e está sempre criando problemas para si próprio. Percy é o melhor amigo de si mesmo.
> Os resultados que esses dois homens terão em situações semelhantes serão extremamente diferentes. As barreiras e os obstáculos

que Jim ergue com seu modo de agir torna a sua trajetória muito mais difícil do que a de Percy.

Percy tem a companhia de um amigo para compartilhar suas experiências. Jim é acompanhado por um inimigo, e ambos prosseguem a jornada num irritado silêncio.

Muitos clientes dizem para mim "eu sou meu pior inimigo", e eles estão corretos nessa avaliação de si mesmos. Não seria preferível viajar pela vida com seu melhor amigo a fazê-lo com o seu pior inimigo?

O único meio de ter um amigo é ser um amigo.

RALPH WALDO EMERSON

Ativadores da confiança

- Se nos tratarmos como nosso melhor amigo, a nossa trajetória de vida será muito mais fácil e feliz. Muitas vezes, porém, isso não acontece, e chamamo-nos de nomes cheios de críticas e de rejeição. Pense no seu melhor amigo, tenha o mesmo sentimento de quando ele lhe pede um favor. Compare essa atitude com a que você tem para consigo mesmo. O que você faria para melhorar o modo como se sente em relação a si mesmo, para melhorar a sua resposta quando ocorrem enganos?

- Existem duas regras para o comportamento adulto:
  - Nossas ações e atitudes têm resultados.
  - Precisamos assumir a responsabilidade por esses resultados.

  Pense nesses dois pontos com relação a resultados que tenham acontecido com você recentemente. Você é capaz de assumir a responsabilidade ou atribuiria a culpa aos outros?

  Você crê que essas duas regras tenham parte em sua atitude para consigo próprio? Se você é duro com você mesmo, isso traz um resultado negativo pelo qual você se responsabiliza?

- Você descreveria sua atitude como:
  - tratar-se como um amigo?
  - de ser duro consigo mesmo?
  - de ter uma tendência autodestrutiva?
  - de depreciar-se com culpas e críticas?

28

Apologia do egoísmo

"Suzannah, você está muito estressada. Você tem trabalhado demais e precisa de um tempo para você mesma. Vou lhe dar uma fita de relaxamento, e gostaria que você dedicasse a si mesma uma hora por dia."

"Mas doutor, não posso fazer isso. Eu estaria sendo muito egoísta!"

Ouço esse comentário todos os dias quando sugiro às pessoas que dêem um tempo para si mesmas. O estigma do "estar sendo egoísta" bloqueia toda oportunidade de uma vida em equilíbrio. Pessoas egoístas são irritantes, impopulares e basicamente más.

Bem, aqui tenho de discordar. Creio que ser egoísta é uma coisa boa. A definição dicionarizada de egoísta é "aquele que é voltado sobretudo aos seus próprios interesses". Acho essa atitude muito saudável e ela está, estranhamente, ligada à confiança.

Quando se é confiante, tem-se a capacidade de se preocupar com seu próprio interesse e não se envergonhar dele.

Não estou falando da pessoa egoísta que come os dois últimos pedaços de bolo. Creio na existência de um equilíbrio saudável entre cuidar de si mesmo e ter consciência das necessidades alheias. Há uma grande diferença entre o mártir — que jamais é impositivo, que está sempre pensando nos outros, acreditando que não tem direitos e que não deve desapontar ninguém — e o egocêntrico, com um elevado conceito de si mesmo e que *só* pensa nas próprias necessidades.

Creio que o egoísta está em algum ponto entre esses dois extremos. O termo "egoísta" tem recebido uma conotação bastante negativa no decorrer dos anos, e talvez mais na Grã-Bretanha do que em outros países. Eu gostaria de me candidatar ao cargo de seu relações-públicas.

Penso que cuidar de si mesmo é uma atitude muito saudável. Dispor de uma hora por dia para relaxar e permitir que seu sistema corpóreo se recupere é a melhor intenção que se possa ter.

> Ashley veio me ver por causa de estafa (excesso de trabalho) e relutava em dar a si mesmo um tempo para relaxar. Ele dizia que não fazer nada era um desperdício. Insisti para que sentasse em silêncio durante aproximadamente 20 minutos por dia. Na semana seguinte ele voltou parecendo muito encabulado.
>
> "Minha mulher não me deixa deitar por meia hora. Ela diz que estou sendo egoísta e que eu deveria ajudar a cuidar das coisas em casa."
>
> Conversamos sobre isso, e perguntei: "Ajudaria em alguma coisa se eu lhe desse uma fita de relaxamento e você dissesse a ela que teria de ouvi-la diariamente a pedido meu?"
>
> Seus olhos se iluminaram. "Acho que pode funcionar."
>
> Ele voltou na semana seguinte, e seu rosto estava radiante.
>
> "Minha mulher concordou em me deixar ouvir a fita porque eu estarei fazendo alguma coisa e assim não serei egoísta."

Acredito que muitas pessoas usam as palavras "não quero ser egoísta" como uma cortina de fumaça para esconder sua falta de confiança. Estão preocupadas demais com "o que os outros vão pensar". Vão pensar que sou muito relapso? Será que não vão me chamar de egoísta pelas costas ou pensar que não sou capaz de lutar?

Ter a coragem de gostar de si mesmo e de cuidar de suas necessidades é uma atitude saudável. Ter a capacidade de tratar das necessidades dos outros é igualmente importante. Mas se a sua energia estiver no fim, fazendo com que você só consiga cuidar de si mesmo, então é isso o que você deve fazer. Seguindo esse padrão você edificará sua energia, e com o tempo será capaz de cuidar dos outros também.

As mães parecem desenvolver essa aversão ao egoísmo mais do que os pais. Talvez a atividade de cuidar dos filhos exija que dediquem todo

MEIOS DE MELHORAR A CONFIANÇA   241

o seu tempo às necessidades da criança. Esse padrão é-lhes então instilado, de modo que voltar a atenção para si mesmas faça-as sentir-se culpadas. O instinto maternal é tão forte que de início a "individualidade" da mãe se perde na criança.

Muitas mães se perdem nas necessidades de seus filhos. As constantes solicitações significam que elas têm menos tempo para si mesmas, o que as leva a crer que são menos importantes do que os outros.

É difícil traçar uma linha divisória entre as necessidades dela própria como mãe e as dos filhos. Algumas mães tornam-se mártires e sacrificam tudo pelas necessidades da criança.

À medida que os filhos crescem e passam a precisar menos da mãe, ela se torna como que abandonada por eles. Uma vez que seus objetivos de vida estão inseparavelmente ligados aos filhos, ela sofre muito quando eles entram na adolescência e desenvolvem seus próprios poderes.

É freqüente que essas mães tenham modelado suas vidas nas de *suas próprias* mães ou tenham sido orientadas para "dar tudo" aos filhos. Uma conversa sobre egoísmo só lhes deve mesmo "entrar por um ouvido e sair pelo outro", já que elas vêem suas próprias necessidades como desprovidas de importância e o tempo para si próprias se traduz por submeter os filhos à privação.

Freqüentes vezes, quando luto para incentivar meus clientes a dar um tempo para si mesmos, eles resistem dizendo "eu me ponho em último lugar, sei disso, mas é que faço qualquer coisa para viver em paz".

Essas pessoas têm menos paz na vida do que qualquer outra que eu conheça. Suas vidas costumam estar em desordem, elas não têm nenhum controle sobre nada, sua principal estratégia de combate é a fuga, e estão sempre esperando que as coisas melhorem por si mesmas.

Mudar a palavra "egoísta" por "cuidar de si mesmo" reduz a culpa. Já que um dos objetivos na vida é assumir a responsabilidade por nós próprios, como poderemos realizá-lo se não estivermos preocupados com nossos próprios interesses?

Há um grupo de pessoas que eu chamo de "ladrões de problemas". Estão prontas a roubar algum problema do outro para tentar resolvê-lo.

Leonore é um bom exemplo.

"Minha mãe fica doente por minha causa. Sei que estou com 35 anos, mas ela não consegue parar de se preocupar. Ligo para ela três vezes por dia para que ela tenha certeza de que estou bem, mas parece que isso não está ajudando."

"De quem é o problema?"

"Bem, acho que é dela, mas eu sinto que tenho responsabilidade aí. Ela *está* se preocupando comigo, de modo que eu deveria resolver isso."

"De quem é o problema?"

"Da minha mãe. Eu sei que é dela, mas..."

"De quem é o problema? Se o problema é de sua mãe, por que você está tentando roubá-lo dela. Você costumava ligar uma vez por dia. Não resolveu. Então você passou a ligar duas vezes por dia. Não resolveu. Agora você está ligando três vezes por dia e ela ainda fica aflita com você."

"Mas eu estaria sendo egoísta se não me importasse."

"Não estou sugerindo que você não se importe. Estou sugerindo que você cuide de sua mãe o suficiente para deixá-la lidar com seus próprios problemas."

Ninguém pode resolver o problema dos outros. Você pode ajudá-los, mas não resolvê-los para eles. Se a filha discute "o problema" com sua mãe dando-lhe atenção e amparo, talvez não houvesse um excesso de ligações telefônicas.

Também a mãe é uma ladra, ela está "roubando" o direito da filha à sua própria vida. Ao ficar sempre lembrando a filha do quanto ela se preocupa, ela está transferindo os problemas da outra para si própria sem nenhuma tentativa de ajudá-la a resolvê-los. Não está desempenhando um papel coadjuvante e, de certa forma, está "roubando a preocupação". Isso vem mais se constituir no problema do que aliviá-lo.

Por estranho que possa parecer, pessoas "egoístas" são freqüentemente populares; emanam vibrações como a dizer que sabem quem são e o que querem. Não dependem da opinião dos outros para sobreviver.

Aquelas pessoas com baixa auto-estima, que não gostam de si mesmas, requerem a aprovação dos outros para a sua sobrevivência. Acreditam que alcançarão a sua aprovação sacrificando-se, sendo abnegadas.

Não é o que ocorre na vida. Essa atitude irradia vibrações de que há algo de falso acontecendo. As pessoas que captam essas vibrações não respondem com proximidade, amor e apoio, mas com distanciamento, uma vez que as mensagens não são diretas, e sim distorcidas pela necessidade.

Infelizmente, aqueles que precisam desesperadamente de apoio e intimidade não os recebem. Se pelo menos se arriscassem a ser egoístas — a ser elas mesmas — o resultado poderia ser muito mais positivo.

Nosso comportamento é tão freqüentemente ditado pela obrigação para com os outros, que em meio ao processo esquecemo-nos de nossa obrigação fundamental — sermos nós mesmos.

Ativadores da confiança

- A maior parte das pessoas considera o termo "egoísta" como muito negativo, e não gostaria de ter essa palavra aplicada a elas. É possível redefini-lo como "voltar a atenção para as suas próprias necessidades", dando-lhe assim um significado muito mais aceitável.

  Qual é a sua atitude diante da palavra "egoísta"? Você pode avaliar o quanto lhe seria benéfico tornar-se mais egoísta?

- "O que os outros vão pensar se eu fizer isso?" é uma frase que costumo ouvir de pessoas que carecem de confiança. É algo que você diz a si mesmo para evitar agir? Substitua "o que as pessoas vão pensar?" por "as pessoas pensam nelas mesmas", e procure perceber o efeito que isso terá em sua atitude. A realidade é que as pessoas em geral não o percebem, e é por isso que se trata de uma frase mais adequada para se ter em mente.

29

A confiança nos relacionamentos

Imagine uma roda dentada. Uma roda dentada muito especial, que tenha cinco componentes básicos:

1. Os diversos dentes
2. Os comprimentos diferentes de cada um dos dentes
3. O espaço entre eles
4. A velocidade com que ela está rodando
5. A direção em que está rodando

Pode-se representá-la por meio de um diagrama da seguinte forma:

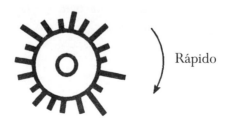

Rápido

Essa roda dentada é a representação de um homem chamado Tom. Os espaços, comprimentos e as proporções entre eles foram construídos no decorrer dos anos. Os dentes originais foram alterados — uns cresceram, outros foram postos abaixo. Essa roda dentada é como a impressão digital de Tom; personifica todas as suas características. É uma roda dentada complexa feita de seus gostos e aversões, de suas atitudes, forças, fraquezas, crenças etc. É um modo de conhecer Tom.

Há alguns meses Tom conheceu Penny. Ele a achou muito atraente, e juntos iniciaram um relacionamento.

A roda dentada de Penny tem esta aparência.

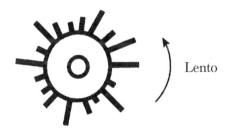
Lento

À medida que Tom e Penny saíam juntos, suas rodas dentadas ficaram mais próximas. Os encontros, as conversas, a expressão de sentimentos, o sexo, as discussões, tudo fazia com que os giros de suas rodas dentadas começassem a se complicar.

Você pode bem imaginar o resultado! Não só os dentes têm comprimentos diferentes e diferentes espaços entre eles, mas também as rodas giram em direções e velocidades diferentes.

Você poderá dizer que essas pessoas jamais se uniriam ou se sentiriam atraídas uma pela outra. Não é o que acontece. Há muitos relacionamentos com diferenças parecidas às de Tom e Penny, e não devemos nos espantar quando as coisas começam a dar errado nessas relações. Seus valores, atitudes e comportamento são tão diferentes que a harmonia se torna muito improvável.

Tom era aquele homem "da caça, da pesca e do tiro", que amava bife malpassado, petisco de carne de carneiro e faisão. Penny era uma

A CONFIANÇA DE SER VOCÊ MESMO

ativista dos direitos dos animais, vegetariana convicta e protestava contra a caça.

Essas diferenças podem se perder ao primeiro florescer do amor. A frase "ele vai mudar" ou "ela vai mudar" toca sem parar no toca-fitas de suas mentes! Inevitavelmente, com o tempo, seu verdadeiro eu virá à tona, e a relação entrará em colapso. É muito difícil manter identidades individuais e ao mesmo tempo respeitar a de nosso companheiro ou companheira.

A confiança num relacionamento requer:

Confiança em si mesmo

Gostar de si mesmo é importante para você gostar de outra pessoa. Como você pode esperar que alguém goste de você se você próprio não se valoriza?

O psiquiatra R. D. Laing disse isso de forma sucinta:

"Não gosto de mim mesmo porque não tenho valor.
Suzie gosta de mim.
Suzie deve estar muito desesperada para gostar de alguém como eu.
Como é que eu poderia gostar de Suzie se ela é assim tão desesperada?"

Ou como disse Groucho Marx:

"Eu jamais entraria para um clube que me aceitasse como sócio."

Muitas pessoas que têm um baixo conceito de si mesmas iniciam um relacionamento com a esperança de que, com seu amor e admiração, o parceiro torne as coisas melhores. Isso não dá certo. Você jamais conseguirá dos outros a admiração de que você necessita para revitalizar a auto-estima combalida. A admiração da outra pessoa desvanece-se feito neblina, e você precisará dela sempre mais até que, frustrado(a), acabará abandonado(a) pela(o) parceira(o).

Isso vem cumprir a profecia da auto-realização. Quando se é deixado(a) pela(o) parceira(o), aí se tem uma prova de que você não é

MEIOS DE MELHORAR A CONFIANÇA   247

bom, o que reforça a crença inicial. Como afirma Louise Hay, tudo o que nos acontece é:

a) o que distribuímos   b) o que pensamos merecer

Ame seu/sua parceiro(a) pelo que ele(a) é

É freqüente casais em separação dizerem "eu pensei que pudesse mudá-lo(a)". Uma regra fundamental é a de que as pessoas não mudam em decorrência da pressão de outras. Podem mudar um pouco na superfície, mas sua característica principal continua a mesma.

O amor incondicional é, como o próprio nome já diz, aquele que não impõe condições. Pelo que tenho vivenciado, esse incondicional é uma qualidade rara. O mais comum é deixar que valores e opiniões interfiram nos sentimentos que se tem pelo(a) parceiro(a).

Uma das falhas básicas em relacionamentos consiste em confundir o "ela(e) é diferente" com "ela(e) está errada(o)". Usamos nossos próprios valores para julgar nossa(o) parceira(o), e quando há uma diferença nós a/o classificamos como errada/o em vez de apreciarmos a diferença.

Outro meio de afirmá-lo é:

* Cada parceiro tem uma atitude, um sistema de crenças e um padrão de comportamento.
* Um dos parceiros ou ambos não são capazes de *respeitar* a atitude do outro.
* Seguem-se censuras, brigas, acusações e críticas.

Em muitos casos é bastante difícil respeitar atitudes e comportamentos muito diferentes de suas próprias crenças. Trabalhar o respeito e a aceitação pode ser bem mais vantajoso do que tentar mudar o(a) parceiro(a).

Uma relação poderia ser descrita como ir ao encontro das necessidades do parceiro. Ele precisa dela e ela, dele.

Muitas pessoas não têm idéia das necessidades do parceiro. Como poderiam satisfazê-las sem ter uma idéia de quais são essas necessidades?

Relacionamentos são muitas vezes cheios de "obrigações", quando na verdade se deveria estar aberto às necessidades do outro. Talvez você não consiga satisfazer às necessidades do parceiro, mas ter consciência delas e discuti-las permite que uma intimidade se desenvolva. Talvez os problemas apareçam em razão da escolha original do parceiro. Essa escolha ignora o que sabemos num nível intuitivo, visceral. Esperamos/acreditamos que as coisas serão diferentes, que mudarão. O que ocorre geralmente é que com o tempo a nossa intuição básica acaba provando estar correta.

Confiar na própria intuição ao escolher um(a) companheiro(a)

Muitas vezes quando vejo parceiros terminando uma relação, pergunto por que motivo o estão fazendo.

Eles descrevem as "falhas" que estão causando o rompimento. Pergunto-lhe quando foi a *primeira vez* que eles se deram conta dessas falhas. Eles pensam um pouco e costumam dizer: "Foi na primeira vez que saímos juntos. Eu sabia num nível profundo que aquilo não estava certo, mas ignorei aquela sensação porque estávamos nos divertindo."

Ter confiança na sensação que se tem "lá no fundo" ajuda-nos a fazer uma escolha mais adequada para um relacionamento de longo prazo.

A confiança de ser você mesmo

Há alguns anos, um amigo médico hospedou-se na minha casa. Sua mulher o deixara, e estávamos assistindo a um seminário juntos.

Pela manhã eu lhe perguntei se ele queria Weetabix no café da manhã. "Weetabix. Não me ofereça esse maldito Weetabix. Odeio o gosto disso", exclamou com grande emoção. "Pera lá", disse eu, surpreso com sua explosão, "eu só lhe ofereci uma coisa para o café da manhã. Não é preciso perder as estribeiras por causa disso!"

Ele retomou a compostura. "Olha, eu sinto muito, de verdade. Por um momento eu perdi a cabeça, saí fora de mim. Foi uma reação automática. Fui casado durante dez anos. Tivemos uma lua-de-mel maravilhosa, em Barbados. Na primeira manhã, minha nova esposa disse-me, no café: "Você não acha Weetabix simplesmente o máximo?" Como um tolo, concordei, e passamos a comê-lo desde então, mas eu odeio o seu gosto. Agora não posso mais contar isso para ela, que então saberia que eu estive mentindo esse tempo todo."

Meu amigo foi incapaz de ser ele mesmo naquele aspecto de seu relacionamento. Porque tentou agradar a sua esposa no primeiro dia, manteve a partir de então a atitude reprimida que foi revelada na mesa do café da manhã.

Tentar "torcer" o seu "verdadeiro eu" para atender às expectativas do(a) companheiro(a) é como calçar sapatos muito pequenos. Algum grau de moldagem ocorre durante a relação, mas não estar livre para ser você mesmo exerce uma tensão muito grande sobre si e sobre o/a companheiro(a).

Ser você mesmo é algo que dá confiança. Uma vozinha lá no fundo da mente sussurra (ou grita): "e se ele(a) não gostar que você faça isso?", e desse modo a fuga parece ser a ação preferível.

Todos temos um lado escuro, uma sombra. Aceitar, reconhecer e expressar essa parte de nós mesmos tira a força que ela tem. Negá-la ou evitá-la faz com que permaneçamos na sombra, onde, como fungos, ela cresce em profusão.

Quando digo a meus clientes "sejam vocês mesmos", muitos respondem "na verdade não sei quem sou". Eles têm mais desempenhado um papel na vida do que sido eles mesmos, razão por que têm perdido o contato com quem são. Se você não sabe quem você é, será difícil o companheiro ou a companheira descobrir.

A confiança de ouvir

Creio que um dos principais problemas de comunicação está em que poucas pessoas realmente escutam o que as outras estão dizendo.

Comunicar significa enviar mensagens de uma pessoa para outra, fazendo com que a segunda receba e reconheça a mensagem.

Isso requer:

250 A CONFIANÇA DE SER VOCÊ MESMO

- escutar atentamente para ouvir o que está sendo dito.
- uma pausa de alguns segundos para que a pessoa que fala saiba que está sendo ouvida — é "a pausa essencial"
- uma resposta

Segundo minha experiência, há muitas pessoas tão envolvidas com seus próprios pensamentos, e preocupadas em contestar, que acabam não atentando para a mensagem — não ouvem. Perde-se freqüentemente a "pausa essencial", e aquele que fala não se sente ouvido (porque não o é mesmo). Digo que é preciso confiança para ser um bom ouvinte, e isso é verdade.

A pessoa insegura está tendo um diálogo interno do tipo "espero que ele não descubra o quanto sou calado. É melhor eu pensar numa resposta adequada". Então ele pensa numa boa resposta e repete-a mentalmente para não esquecer. Ao fazê-lo, perde a última parte do que é dito por aquele que fala e precipita-se com a resposta, ignorando "a pausa essencial".

Isso faz com que o falante fique magoado e sinta que não foi ouvido. A fluência da comunicação desintegra-se então em raiva e distanciamento.

Muitos são os que querem conversar, poucos os que querem ouvir. Ter confiança em ser um ouvinte atento é uma qualidade importante num relacionamento. Há quem diga que ser compreendido é como ser amado.

Confiança para expressar suas expectativas

Quando um relacionamento se inicia, e também enquanto dura, cada um dos parceiros põe expectativas sobre o outro. Podem não estar consciente de suas verdadeiras necessidades, mas elas estão presentes em todos os níveis da mente, do corpo e da alma.

Ter confiança suficiente para compartilhar essas expectativas com o outro confere uma base sólida à relação. Muitas pessoas inseguras não têm confiança de fazê-lo, já que isso pode resultar em rejeição.

Fazer uma lista de expectativas pode parecer excessivamente formal, mas não permitir que seu companheiro ou sua companheira saiba o que você precisa torna difícil para ele ou ela satisfazer seus anseios.

MEIOS DE MELHORAR A CONFIANÇA

Naomi e Douglas vieram até mim quando seu relacionamento estava "entrando em colapso". Eles estavam juntos há dois anos, mas o amor e o companheirismo vinham sendo substituídos por hostilidade e discussões.

"O que você esperava de Douglas?" Perguntei para uma chorosa Naomi.

"Eu esperava que ele estivesse sempre junto comigo. Eu esperava que ele me dedicasse seu amor e seu tempo, para que eu pudesse me sentir segura uma vez na vida."

"E o que você esperava de Naomi?" perguntei para um irritado Douglas.

"Liberdade. Eu queria ser livre para fazer o que bem entendesse, e depois chegar em casa, receber seu apoio e amor em casa. Eu não preciso dela e não quero que ninguém precise de mim."

Se Douglas e Naomi tivessem sido capazes de expressar suas necessidades no início do relacionamento, teria ficado óbvio que suas expectativas não seriam satisfeitas. Mas como essas expectativas não foram expressas, o curso do relacionamento foi declinando naqueles dois últimos anos.

A confiança de ser vulnerável

Muitas pessoas temem ser rejeitadas. Passam a maior parte do tempo protegendo-se contra possíveis mágoas. Constroem muros para evitar sensações que possam ter sido vivenciadas na infância, junto de pais críticos ou que não as compreendiam.

Lá no fundo de nós mesmos somos sensíveis, machucamo-nos facilmente e sentimos uma dor profunda quando rejeitados. Não queremos sentir aquelas sensações e ficamos de guarda contra qualquer pessoa que se aproxime do "eu real". Empenhamos todos os nossos esforços em proteger essa parte sensível, sobretudo se não confiamos no companheiro.

A confiança de ser vulnerável é um dos elementos mais importantes num relacionamento. É um processo que ocorre passo a passo, à medida que camadas são removidas, de modo muito semelhante ao descascar de uma cebola. Isso permite que companheiros fiquem mais próximos um do outro, requerendo confiança, respeito e compreensão para que o relacionamento tenha continuidade.

Com muita freqüência, nossa dor ergue uma parede de tijolos para proteger nossa personalidade, que é interior e sensível. Isso cria tensão, seguida de distanciamento. A vulnerabilidade é uma força, não uma fraqueza, e um ingrediente essencial para qualquer relação íntima.

Os tipos de confiança envolvidos nos relacionamentos são os seguintes:

1. Confiança em si mesmo.
2. Confiança para amar o/a parceiro(a) como ele(ela) é.
3. Confiança para seguir sua reação instintiva.
4. Confiança de ser você mesmo.
5. Confiança para ser um ouvinte atento.
6. Confiança para expressar suas expectativas.
7. Confiança para ser vulnerável.

Ter consciência dessas confianças e direcionar a sua mente para elas significa que você está injetando energia em seus relacionamentos. Essa energia é requerida para que o relacionamento cresça da mesma forma que uma planta requer nutrição para florescer.

Num relacionamento há três componentes importantes.

1. Você
2. Seu parceiro
3. O relacionamento

Todos os três exigem tempo, atenção e cuidados para que o relacionamento floresça e cresça.

Ah, o conforto, o inexprimível conforto, de sentir-se seguro com uma pessoa; não precisando nem pesar pensamentos, nem medir palavras, mas despejá-los todos, exatamente como são, joio e trigo juntos, sabendo que uma mão fiel haverá de os peneirá-los, manter o que vale ser mantido e então, com um fôlego de amabilidade, soprar o resto para longe.

ANON

Ativadores da confiança

- Um bom relacionamento pode ser definido como "que cada parceiro tenha as suas necessidades satisfeitas". Esse conceito requer que todas as pessoas envolvidas saibam quais são as suas necessidades e que o sentimento entre elas seja tal que possam compartilhar essas necessidades e corresponder a elas. Concentrar-se num relacionamento implica fazer as seguintes perguntas:
  - Você tem consciência de suas necessidades na relação?
  - Você será capaz de compartilhar essas necessidades com a outra pessoa?
  - Você sabe o que ela precisa de você?
  - Você será capaz de respeitar as necessidades dela?
  - O relacionamento está satisfazendo às necessidades dela e às suas?
- Considerando que há três entidades envolvidas em qualquer relacionamento:
  - Você
  - A outra pessoa
  - O relacionamento

  Quanto de seu tempo e esforço você dedica ao "relacionamento" em comparação com as suas necessidades ou com as dele?
- Há cinco exigências envolvidas na construção de um relacionamento sólido:
  - A confiança em si mesmo.
  - Aceitar o(a) companheiro(a) como ele(a) é.
  - Confiar em sua intuição.
  - A confiança de ser você mesmo e a de seu/sua companheiro/a, de ser ele/ela mesmo/a.
  - A capacidade de ouvir um ao outro com atenção.

  Concentre-se num relacionamento em que você esteja agora ou em que já esteve e pergunte-se até que ponto esses cinco fatores são/foram importantes para você.

30

Ajude seus filhos a ficar confiantes

A atitude que temos para com nossos filhos deve ser semelhante ao modo como pretendemos tratar a nós mesmos.

As palavras amor, respeito, aprovação, aceitação, apoio, são as que nos ocorrem.

Muitas pessoas me aparecem buscando ajuda, afirmando ao mesmo tempo o quanto estão preocupadas com a possibilidade de seus problemas, sua atitude e seu comportamento causarem dificuldades para seus filhos.

"Estou vindo aqui por causa de mim, mas minha maior preocupação é o efeito que meus problemas possam estar causando na minha filha de 10 anos."

Somos em grande parte produto de nossa educação. As forças que nos influenciam tendem a reproduzir muitos aspectos comportamentais de nossos pais. Somos pegos por um ciclo repetitivo cujo rompimento demanda muita energia.

"Não quero que meus filhos passem pelo que eu passei quando criança", é uma máxima constantemente repetida, e em que pesem todas as nossas melhores intenções é em geral bem isso (causar problemas para os filhos) o que fazemos.

Para romper esse ciclo repetitivo, precisamos dispender muito tempo e esforço aprendendo sobre nós mesmos, sobre o modo como trabalhamos e sobre o papel desempenhado pelas influências dos pais. Quando tomamos consciência desses fatores, ficamos numa posição muito melhor para evitar repassá-los a nossos filhos.

Muitas vezes os pais vão para o extremo oposto, e dessa forma criam problemas.

"Éramos pobres durante a minha infância, e por isso quero que meus filhos tenham tudo o que quiserem."

Ao criar excessos para remover a dor da infância, estamos criando outros problemas para nossos filhos.

Não pretendo lhes dizer como educar seus filhos. O que posso fazer é passar informações que consegui reunir ouvindo pais e filhos problemáticos. Aprender com os erros dos outros às vezes pode ser útil.

Um dos homens mais fantásticos de que temos notícia chama-se Monty Roberts e vive em Nevada, Estados Unidos. Foi criado num rancho de *cowboys* e aprendeu a cavalgar quando tinha 2 anos. Seu pai era um homem muito cruel, bastante severo com Monty e com os animais que eram treinados por ele. Ele capturava *mustangs*, os cavalos selvagens do deserto, e "quebrava-os" para que pudessem ser negociados como montaria.

O método que usava era chamado "ensacamento". O cavalo tinha todas as suas quatro patas atadas a uma estaca. Então, enfiava-se a sua cabeça dentro de um saco para amedrontá-lo. Usavam açoites para mostrar quem mandava ali. Após três semanas de tortura, o cavalo estava "quebrado" e pronto para ser montado.

Ainda criança, Monty odiava o processo de "ensacamento" e estava decidido a encontrar um meio melhor de treinar cavalos. Saiu cavalgando pelo deserto, acampou por lá e observou o comportamento dos *mustangs*. Aprendeu sua linguagem, a que chamou "equus".

Estudando o modo como interagiam, aprendeu a se comportar como um cavalo e desenvolveu técnicas para transformar *mustangs* selvagens em cavalos calmos em meia hora. O processo foi chamado de "iniciação" e teve como base um entendimento entre o homem e o cavalo. Nem medo nem açoites eram utilizados.

MEIOS DE MELHORAR A CONFIANÇA

Assim, por um lado havia o método usado pelo pai de Monty, que dependia da crueldade, dos açoites e do medo, e demandava um tempo de três semanas; por outro, havia o método de Monty, da "iniciação", que se utilizava de amabilidade e compreensão e demandava meia hora.

As técnicas de Monty são descritas num maravilhoso livro chamado *The Man Who Listens to Horses* (ver Leitura suplementar), que recebeu traduções em todo o mundo.

A atitude de Monty tem certa importância para os modos como podemos ajudar nossos filhos a se tornar confiantes. Está óbvio que o pai de Monty não poderia ser visto como um modelo na educação dos filhos.

A essência do método de Monty estava em compreender o cavalo a ponto de encorajá-lo, para que este *escolhesse* fazer o que ele, Monty, queria. Seu pai sabia o que era melhor para o cavalo e o forçava à submissão.

Nós, como pais, somos um modelo de comportamento para nossos filhos, que recebem mensagens de muitos níveis diferentes. Crianças, como animais, são criaturas sensíveis e percebem vibrações à sua volta.

Com bastante freqüência, nós, como pais, "dizemos" mais do que "ouvimos". Sabemos o que é certo para eles e instilamos o conhecimento necessário a todo custo. Monty ouvia e observava, e assim foi capaz de compreender. Muito comumente ouço a frase "simplesmente não entendo meus filhos". Como podemos ajudá-los a ser mais confiantes se não os compreendemos?

Como em tudo na vida, existe um equilíbrio. Se não damos uma moldura, uma treliça, limites para o seu crescimento, nossos filhos perderão a direção. Se a moldura é por demais limitadora, restritiva, eles perderão sua individualidade e fracassarão ao tentar realizar seu potencial.

Visto que a confiança é uma sensação boa para nós mesmos, precisamos fazer a pergunta "como podemos ajudar nossos filhos a desenvolver uma sensação boa para com eles mesmos?" A resposta encontra-se na máxima: *uma criança é uma chama a ser acesa, não um vaso a ser repleto.*

Com amor, educação, apoio, compreensão, dando-lhes nosso melhor tempo, nossa aprovação, fazemos com que sua chama se acenda. Há muito a ser pedido de nós como pais, especialmente quando há tantas outras solicitações em nossos dias.

Problemas surgem porque temos a nossa "matéria" que interfere na busca de sermos pais perfeitos. Nossos próprios medos, necessidades e culpas impedem-nos de ali estar como pais criadores.

Certa vez eu estava numa festa conversando com uma jovem mulher. A certa altura da conversa, ela comentou que seu bebê havia nascido três dias antes. Espantado, perguntei onde estava o bebê.

"Ah, eu não quis amamentar pois isso interferiria em minha vida social. A babá está cuidando dele, e espero que ele esteja dormindo quando eu chegar em casa. Ele dorme num quarto no fundo da casa para não atrapalhar o meu sono."

Uma criança é uma chama a ser acesa,
não um vaso a ser repleto.

Criticar e condenar demais causa tanta falta de confiança quanto a superproteção. Os temores das mães são instilados nos filhos. *Os filhos aprendem quem são pelo que recebem em resposta a seus atos.*

É importante diferenciar entre o filho e a sua ação. A divisão às vezes se torna obscura, e a "má ação" é tomada erroneamente por "criança má".

É muito freqüente ouvirmos "você não tem jeito mesmo", "como você é bobo", "você é mesmo mau! Chegar ao ponto de fazer isso com seu irmão!"

Todos esses comentários visam à criança, não à ação. "É muito ruim isso que você está fazendo" é uma forma mais exata e menos destrutiva. Descrever a ação e não a criança tem um efeito muito menos nocivo e muito mais útil no que diz respeito a uma melhoria no comportamento.

Impor limites dá uma certa segurança à criança. A estabilidade é essencial. Crianças com pais instáveis lutam para que o mundo faça algum sentido. Pais alcoólatras que são amorosos num dia e beligerantes no outro são a mais poderosa arma para uma baixa auto-estima.

A lista do que fazer pode ser a seguinte:

1. Ame e aceite seus filhos.
2. Dê-lhes segurança e estabilidade.
3. Dê-lhes o seu melhor tempo.
4. Elogie-os e incentive-os.
5. Ajude-os a se sentirem valorizados.
6. Imponha-lhes limites adequados para ajudá-los a crescer.
7. Ouça para poder entendê-los.

Um dos objetivos de ser mãe ou pai é ajudar os filhos a tornar adultos, para que possam participar da sociedade como pessoas bem-sucedidas, felizes e confiantes. O mundo real do qual farão parte não será feito da lista acima, mas estará repleto de pessoas cuidando de suas necessidades.

A mensagem de que a vida é maravilhosa e de que todos viverão felizes para sempre pode não ser a melhor para se receber, uma vez que desse modo terão de operar uma transição de criança protegida para adulto responsável.

Vocês, como pais, não têm como tornar seu filho confiante. Podem sim fornecer os meios que lhe permitam *crescer* de um modo confiante, assim como você pode ajudar uma planta a crescer a partir de sua semente, fazendo-a alcançar seu pleno potencial com belas flores ou frutos saudáveis. Se você forçar a planta a crescer mais rapidamente usando técnicas de estufa, ela poderá não suportar as intempéries do mundo real.

O seu filho ou a sua filha tem potencial para ser o que quer que ele ou ela está se preparando para ser. Como pai ou mãe, você pode atuar como um jardineiro atencioso faz com suas preciosas plantas — dando apoio, nutrientes e proteção, permitindo-lhe ao mesmo tempo vivenciar tudo o que as condições climáticas tiverem a oferecer.

Por toda a parte, a atitude é a de *equilíbrio*. Problemas surgem quando passamos para uma das extremidades da escala e nos tornamos muito rigorosos ou muito lenientes. Proporcionar uma base de amor, apoio e aprovação permite à criança crescer de uma forma segura, explorando caminhos e assumindo riscos.

> Para ser bom pai ou mãe
> aqui vai uma regra prática,
> Para ajudar seu filho a ser confiante
> Lembre-se de ser Justo, Firme e Brincalhão.

Ter a consciência de que seus filhos são únicos permite-lhe desfrutar sua individualidade em vez de tentar moldá-los a um modelo preconcebido. A. S. Neil, que dirigia uma escola chamada Summerhill, afirmava que "cada criança tem Deus dentro de si; nossas tentativas de moldá-la farão Deus transformar-se em diabo".

Essa é uma opinião extrema — um dos extremos da escala, e pode bem estar em desequilíbrio com as exigências da sociedade. A atitude do pai de Monty está no outro extremo, e ser um pai responsável oscila em algum ponto no meio da escala.

Encontrar alguma coisa que seu filho faça bem e elogiá-lo é parte importante do trabalho dos pais. Isso faz com que se plante a semente da confiança e da auto-estima, que cresce em tantas direções diferentes.

MEIOS DE MELHORAR A CONFIANÇA 261

Confident Children, obra de Gael Lindenfield, segue passo a passo os vários aspectos da construção da confiança em crianças. Como todos os pais sabem, criar filhos não é fácil. Todos conseguimos ver falhas em outros pais, em outros filhos. Não é fácil encarar nossas próprias deficiências e ter consciência do quanto somos influentes na criação de nossos filhos.

Antes de casar eu tinha seis teorias sobre criar filhos; hoje tenho seis filhos e nenhuma teoria.

JOHN WILMOT
POETA INGLÊS 1647-1680

Ativadores da confiança

- As crianças se desenvolvem com base na aprovação e na compreensão, e ficam atordoadas com críticas, acusações e condenações constantes. É preciso alcançar um equilíbrio no qual as linhas-mestras sejam justas, firmes e divertidas.

  Pense em como você foi tratado quando criança e no modo como você trata seus filhos. Há alguma semelhança; você está repetindo o molde formado por seus pais?

- Faça um esforço consciente para compreender as palavras que você está usando ao conversar com seus filhos. Por acaso elas formam um equilíbrio de palavras de incentivo, compreensão e apoio, ou será que você está sendo sempre crítico e acha difícil aceitá-los como são?

- Escolha um aspecto do comportamento de seu filho ou filha que você considere negativo, e procure encontrar meios de ver esse comportamento a partir de uma luz positiva, com o intuito de aprová-lo(a).

31

Tempo e esforço

Este livro descreveu muitos métodos úteis na construção da confiança.

As teorias, técnicas e casos relatados estão todos aqui — todos tentados e testados. Só precisam de dois ingredientes para ser alçados destas páginas para a sua vida.

Seu tempo e esforço

Sem esses dois ingredientes eles permanecerão como teorias e técnicas para sempre sepultadas neste livro. Serão uma peça de conversação, algo interessante, "exterior" mais do que parte de sua experiência.

Há uma parcela de meus clientes que *realmente* se utiliza dos ingredientes tempo e esforço para enfrentar seus problemas. Esses clientes têm bastante êxito na realização de seus objetivos, em grande parte por causa dessa atitude.

É importante perceber que a construção da confiança é parte essencial do desfrute da vida. Fazer disso uma prioridade é certeza de mais oportunidades de êxito. Se você diz para si mesmo "tenho de fazer isso algum dia", esse dia nunca chegará.

Existe um ditado que ilustra o que estou querendo dizer.

Ouço

   — e esqueço

Vejo

   — e lembro

Faço

   — e compreendo

Aristóteles disse, "para as coisas que temos de aprender antes de fazer, aprendemos fazendo".

Para ilustrar a aplicação prática de algumas das técnicas aqui discutidas, eu gostaria de lhes contar a história de Robert.

Robert era um designer gráfico de seus 30 anos, que veio até mim queixando-se de ataques de pânico. Esses o perturbavam havia já muitos anos quando ele finalmente decidiu fazer alguma coisa.

Desde a primeira sessão ficou óbvio que ele estava preparado para pôr em prática o que havíamos discutido. Ele abordou seu tratamento como um projeto que ele costumava fazer em seu trabalho. Leu os livros que eu sugeri, deu-se um tempo para relaxar e assumiu riscos em áreas que o amedrontavam.

Nós observamos os vários fatores relevantes aos seus pânicos e acabamos descobrindo uma série de atitudes negativas.

1. Ele era pessimista.
2. Estava sempre preocupado com a possibilidade de as coisas darem errado.
3. Preocupava-se com os problemas dos outros (era um ladrão de problemas).
4. Ficava ansioso com relação ao futuro (e se...?)
5. Carecia de confiança e tinha muitas dúvidas sobre si mesmo.
6. Precisava ser amado.
7. Estava sempre se sentindo culpado.

Era como se os ataques de pânico estivessem relacionados com essas atitudes, razão pela qual passamos algumas sessões planejando uma lista de atividades que lhes fossem opostas. Ele concordou em:

1. Ficar meia hora sentado em silêncio, meditando. Isso significava que ele estava voltado para o seu interior, permitia que pensamentos lhe viessem à mente, que sua respiração ficasse mais lenta e se tornasse regular, fazendo sua atitude passar de um estado de "fazer" ativo para um estado de "ser" passivo.
2. Em pensamento, visualize filmes que mostrem resultados positivos. Isso significa usar sua imaginação para ver, em imaginação, acontecimentos que conduzam a um resultado positivo.
3. Repita continuamente um "mantra" de afirmações positivas sobre acontecimentos futuros.
4. Concentre-se em suas necessidades e permita que os outros lidem com as dificuldades deles.

Algum tempo depois ele veio me ver com um sorriso radiante.

"Você tentou algumas das coisas que discutimos?", perguntei-lhe, sabendo que os clientes muitas vezes têm as melhores intenções, mas falham ao pô-las em prática.

"É claro que sim", disse-me sorridente.

"Então me conte."

"Casei na semana passada, e foi o melhor dia de minha vida.

Nesse mês que passou fiquei fazendo as coisas que discutimos aqui. Reservei tempo todos os dias para relaxar e visualizar em meu pensamento um filme em que o casamento ia muito bem.

Repeti um mantra muitas vezes por dia, dizendo para mim mesmo o quanto o casamento poderia ser belo. Disse para mim mesmo que não podia me responsabilizar pela felicidade dos convidados. Estávamos possibilitando a felicidade à nossa volta, mas dependia deles divertir-se ou não.

Passei um tempo preparando meu discurso, o que foi atípico para mim, que sempre deixo tudo para a última hora. O discurso ficou muito bom. Eu estava calmo e relaxado enquanto falava, o que para mim era uma coisa espantosa. Muitos de meus amigos disseram que aquela fora a melhor festa de casamento de suas vidas. Se não tivéssemos feito os preparativos conforme o planejado, eu teria entrado em pânico com toda aquela responsabilidade."

A expressão no rosto de Robert confirmava cada palavra do que ele dizia.

Robert ilustra os ingredientes essenciais deste livro.

Ele teve problemas persistentes relacionados com a falta de confiança e com crenças negativas. Reconheceu-os e decidiu fazer alguma coisa a respeito.

Estava preparado para ouvir e reter o que ouviria. Lançou mão de tempo e esforço para converter conselhos em tarefas práticas que ele executava diariamente. Usou esse aprendizado para ter certeza de que o dia de seu casamento seria feliz e que tudo daria certo.

Robert traz muitas semelhanças com todos os que estão lendo este livro. Ele enfrentou a maior parte das dificuldades subjacentes que todos temos quando lutamos para construir nossa confiança.

Você também pode usar a informação contida neste livro, combiná-la com o tempo e o esforço que pode dedicar e chegar a bom termo quanto aos objetivos que está buscando.

Algumas pessoas têm quarenta anos de experiência a que recorrer, outras têm um ano de experiência repetido quarenta vezes.

Ativadores da confiança

- Neste capítulo, Robert sintetiza todos os que tenham problemas e dedicam tempo e esforço para resolvê-los. Muitas pessoas têm as melhores intenções, mas são desviadas por outras necessidades que assumem a precedência sobre seus objetivos.

Para ajudá-lo a melhorar a sua confiança, pense em um aspecto de sua vida que o esteja incomodando e concentre-se em melhorá-lo.

Formule seu plano registrando:
— Seu objetivo
— Quanto tempo você se preparou para realizá-lo
— Qual hora do dia será a mais adequada
— O seu compromisso em se utilizar daquele tempo de forma regular
— O que *exatamente* você pretende fazer
— De que modo você poderia fazer um uso prático disso no dia-a-dia.

Por exemplo:
— Quero melhorar minha confiança.
— Preciso de meia hora por dia para chegar a isso.
— Seria melhor fazê-lo quando chego em casa do trabalho, antes de jantar.
— Comprometo-me.
— Pretendo repetir afirmações, fazer relaxamentos em algumas noites e ler a literatura recomendada em outras ocasiões.
— Assumirei riscos durante o dia, enfrentando situações que antes me amedrontavam e embaraçavam.

32

Conclusão

Passando em revista os capítulos deste livro, tomando-os como peças que se encaixam num quebra-cabeça, podemos ver como se forma a imagem da confiança.

Cada peça individual contribui para a imagem e pode representar uma porção maior ou menor do todo. Chegamos a uma *atitude* – ou exterior, em direção ao mundo ou interior, em direção a nós mesmos.

A confiança é representada por essa atitude específica representada pela imagem do quebra-cabeça. Não é uma entidade, uma coisa que possamos deter e mostrar para as pessoas, mas sim uma atitude, uma perspectiva, o modo como vemos o mundo ou nós mesmos.

Essa perspectiva mudará quando alterarmos algumas de suas partes componentes, assim como uma imagem do quebra-cabeça mudará se alterarmos a posição das peças.

Um passo principal em direção ao aperfeiçoamento é reconhecer que o quebra-cabeça (sua atitude) *não é a realidade*, mas tão-só a sua visão da realidade, e por isso pode ser transformada. Se a sua visão causa baixa auto-estima, então a alteração de alguns componentes poderá melhorá-la e constituir uma visão mais apropriada da realidade.

Cada capítulo representa uma peça de seu quebra-cabeça próprio e específico, sua própria perspectiva da realidade. Escolhendo aquelas peças que precisam de ajuste você poderá se concentrar em áreas específicas que deverão melhorar a sua confiança.

Os relatos de casos mostram que você não está sozinho. Todos temos quebra-cabeças que precisam de melhorias. Todos temos perspectivas que distorcem a realidade. Suas dificuldades específicas são compartilhadas por milhares de pessoas tentando encontrar soluções. Você pode se fortalecer a partir do momento em que sabe que não está só; muitos trilharam o mesmo caminho, suportaram os mesmos medos e cometeram os mesmos erros.

Permita-se a boa sensação de estar fazendo alguma coisa por isso, de dar seus passos na viagem rumo ao controle. Pôr em prática novas idéias é algo que por si só já merece aprovação. Quanto mais tempo e energia você dedicar a esse projeto, melhores serão os resultados. Conquistar apoio e orientação ao longo do caminho também é importante.

Ainda que, como tenho dito, sua atitude (o quebra-cabeça) não seja a realidade, melhorar aquela de fato trará melhoras a esta. Você perceberá coisas que não percebia; receberá respostas positivas onde antes não encontrava resposta alguma; você será bem-sucedido onde antes falhou.

Posso assegurar-lhe de que o esforço vale a pena. Mas isso não é suficiente; você precisa encontrá-lo por si mesmo. Você precisa fazer alguma coisa de modo diferente, receber uma resposta positiva e dizer para si mesmo "ele estava certo", e então saberá que deu um passo maior na direção certa.

É aquela "resposta do ahaa", é uma luz que se acende interiormente, é a ficha que cai, é uma percepção real dando a entender que você está no caminho certo.

Segundo a teoria do caos, uma borboleta que pousa numa folha na América do Sul cria reverberações pelo mundo inteiro. Desejo a você que muitas borboletas pousem pelo mundo afora, para que as reverberações se reflitam em sua vida como construção de uma confiança e de uma auto-estima.

Leitura suplementar

Virginia Axline, *Dibs In Search of Self*, Penguin Books.

Jean Dominique Bauby, *The Diving Bell and the Butterfly*, Fourth Estate.

Deepak Chopra, *The Seven Spiritual Laws Of Success*, Bantam Press.

Paulo Coelho, *The Alchemist*, Thorsons.

Robert Fulgum, *It Was On Fire When I Lay Down On It*, Grafton Books.

Louise Hay, *You Can Heal Your Life* (afirmações), Eden Grove Editions.

Susan Jeffers, *Feel The Fear an Do It Anyway*, Arrow.

Gael Lindenfield, *Confident Children*, Thorsons.

Anthony de Mello, *Awareness*, Fount Publisher.

Monty Roberts, *The Man Who Listens To Horses*, Hutchinson Press.